"汽车运用与维修专业技能型紧缺人才培养培训工程"重点项目

【汽车维修职业教育实训课"工艺化"系列教材】

汽车电控发动机
实车故障诊断

组编：中国汽车工程学会
汽车应用服务分会

● 丛书主编：朱　军

● 本书主编：陈卫忠

華中科技大學出版社
中国·武汉

图书在版编目(CIP)数据

汽车电控发动机实车故障诊断 / 陈卫忠　主编. —武汉：华中科技大学出版社，2008 年 11 月
ISBN 978-7-5609-4189-9

Ⅰ.汽…　Ⅱ.陈…　Ⅲ.汽车－故障诊断－教材　Ⅳ. U471.14

中国版本图书馆 CIP 数据核字(2008)第 134857 号

汽车电控发动机实车故障诊断　　陈卫忠　主编

策划编辑：王连弟　万亚军
责任编辑：余　涛　　封面设计：刘　卉
责任校对：朱　霞　　责任监印：周治超

出版发行：华中科技大学出版社（中国·武汉）
武昌喻家山　邮编：430074　电话：(027)87557437

录　排：武汉正佳数据系统有限公司
印　刷：湖北新华印务有限公司

开本：880mm × 1230mm　1/16　　印张：3.25　　字数：70 000
版次：2008 年 11 月第 1 版　　印次：2008 年 11 月第 1 次印刷　　定价：39.80 元(含 1 CD)
ISBN 978-7-5609-4189-9 / U·28

(本书若有印装质量问题，请向出版社发行部调换)

·内容简介·

本书为汽车维修职业教育实训课“工艺化”系列教材之一，共分五个课题介绍了发动机电路故障诊断（故障码分析）、发动机电路故障诊断（数据流分析）、发动机点火系统故障诊断、发动机油路故障诊断和发动机进气系统故障诊断的实车操作工艺化流程，全书图文并茂，通俗易懂，并配有教学光盘。

本书可作为职业技术院校汽车维修专业、本科院校汽车服务工程专业的教材，也可供广大汽车检测、诊断、维修人员参考。

汽车维修职业教育实训课“工艺化”系列教材

·编委会·

组　　编　中国汽车工程学会汽车应用与服务分会

主　　任　张宏庆

副 主 任　赵丽丽　朱　军　李家本

委　　员　魏俊强　程玉光　魏荣庆　李玉明　岳　杰
杜光宇　凌学群　陈卫忠　黄忠叶　方　静
姜　峻　乌福尧　高　巍　殷明成　刘贵金
袁旭明　张建华　李　刚　周　强　应明雄
雷宇鹏　许　宁　李　超　王运超　姜新祺

丛书主编　朱　军

本书主编　陈卫忠

核心支持单位

山东德州汽车摩托车专修学院
常州交通技师学院
金陵职业教育中心
承德腾飞中等专业学校
博世贸易（上海）有限公司
深圳威宁达实业有限公司
西安航远科技有限责任公司
瑞为客国际科技（北京）有限公司

其他参与课题开发单位

北京汽车维修工程学校
珠海第三职业学校
南京公交教育培训中心
上海市交通学校
南京理工大学现代汽车电子技术研究中心
上海鹏达计算机系统开发有限公司
北京史宾尼斯机电设备有限公司
北京统一石油化工有限公司
深圳市米勒沙容达汽车科技有限公司
佛山市南华仪器有限公司

·组编单位简介·

中国汽车工程学会汽车应用与服务分会（以下简称应用与服务分会）成立于1992年，旨在推动中国汽车应用与服务领域科技进步；培养汽车应用与服务科技人才；促进世界各国汽车应用与服务领域民间科技交流；传播和普及汽车应用与服务科技知识。

它的主要功能包括开展汽车应用与服务领域国内外学术交流活动，传播汽车应用与服务先进理念、技术和管理方法，普及相关知识；为行业和企事业单位提供各类人才培训服务；为国家和地方政府制订与汽车应用与服务相关的法规、政策、发展战略、规划等提供咨询建议；接受委托开展汽车应用与服务科技项目论证、科技成果鉴定、科技文献和标准的编审等工作；向企事业单位提供相关信息和咨询服务。

·丛书主编简介·

朱军，北京中日德美汽车故障诊断研究所所长，中国汽车工程学会特聘专家，北京汽车维修行业协会汽车维修专家，北京理工大学车辆交通工程学院兼职教授，山东德州汽车摩托车专修学院和北京市汽车维修工程学校名誉校长。

主要著作

1. 电控发动机故障码手册	编著	北京理工大学出版社，1997.
2. 日产阳光轿车维修手册	主编	辽宁科学技术出版社，2001.
3. 电控发动机电路波形分析	编著	机械工业出版社，2003.
4. 英汉汽车工程词典	参编	机械工业出版社，2001.

·本书主编简介·

陈卫忠，毕业于江苏常州工学院机动车检测与维修专业，江苏常州交通技师学院汽车运用与维修专业教师，中国汽车工程学会首批汽车诊断高级工程师，汽车维修高级技师，汽车维修江苏省技术能手，“汽车维修职业教育核心实训课工艺化教学模式的开发及推广”项目、“汽车诊断中心设备的配置与使用”和“汽车电控发动机实车故障诊断”两课题组负责人，曾代表课题组在2006全国汽修职教核心专业课示范交流会上演示课题成果。现已有七年教龄，十余年汽车维修经验。

·丛书序·

中国的职业教育正处在前所未有的发展时期。2006年，全国仅中等职业学校就招生750万人，在校学生更是多达1 800万人。

招生规模日益扩张、就业竞争渐趋激烈，对职业教育的教学质量提出了新的挑战。就汽车维修职业教育而言，如何真正实现“以能力为本位”的教学目的，为汽车维修一线岗位输送适用的技能型紧缺人才，是摆在所有汽车维修职业学校面前的一道无法回避的严峻命题。

事实上，围绕破解以上命题的职业教育改革，自20世纪末以来就已在国内轰轰烈烈地展开。和众多领域一样，大家先是把目光投向国外，试图从汽车产业发达国家的经验中找到答案。客观地说，无论是美国的社区学院、德国的“双元制”，还是日本的企业内职业教育、韩国的“产学合作”，都彰显出“校企结合”的魅力，这无疑是汽车维修职业教育改革的必然方向。而我国汽车维修职业教育界也从先进国家的做法中汲取了宝贵经验，在教学理念和方法上进行了大幅度、本质化的调整。由教育部牵头组织的“汽车运用与维修专业技能型紧缺人才培养培训工程”，2003年启动，更是极大地推进了汽车维修职业教育“校企结合”的改革进程。然而，由于国情不同，国外的经验是无法完全照搬的。因此，找到一条适合中国汽车维修职业教育现状的“校企结合”之路，便成为汽车维修职业教育改革的关键。

表面上看，我国的职业学校学生也都会到企业实习一段时间，但这种“实习”并不是真正意义上的“校企结合”。由于中国的职业学校与企业长期以来处在两个完全独立运行的体系中，缺乏内在的有机联系，仅凭一纸“实习合同”是无法真正建立起“校企结合”的有效机制的，因而，寻找两者之间的结合点，另辟“校企结合”的蹊径，是一定时期内需要解决的紧要问题。

出于对以上问题的探索，2004年，中国汽车工程学会汽车应用与服务分会在东方天威汽车维修工程师俱乐部的协助下，开始了对汽车维修职业教育实训课教学方法的研究。很快，这一项目被定名为“汽车维修职业教育核心专业实训课工艺化教学模式的开发及推广”，纳入了“汽车运用与维修专业技能型紧缺人才培养培训工程”，形成了由教育部职成司委托，中国汽车工程学会、中国汽车维修行业协会主办，中国汽车工程学会汽车应用与服务分会承办，东方天威汽车维修工程师俱乐部协办的组织体系。2006年，这一项目又被列为全国教育科学“十五”规划重点课题、教育部重点课题《“以就业为导向”职业教育课程和教材改革的研究与实践》的子课题。

作为另辟“校企结合”蹊径的一项探究，“汽车维修职业教育核心专业实训课工艺化教学模式”的开发始终本着从企业实践中来，同时结合学校实际的原则。首先，根据对典型维修企业的台账统计，归纳出最需要掌握的维修技能，据此提出最需要研究的核心实训科目。其次，依据典型车型的维修手册，提出每个实训科目要掌握的技能规范。最后，在维修专家的指导下，由职业学校的专业教师和相关教学设备厂家的技术人员合作，根据学校实际因地制宜，总结出在实训教室中由一个老师带多组学生规范化传授技能的方式。在这里，“工艺化教学模式”中的“工艺化”包含两方面的意义：一是维修技能的工艺化、规范化；二是教学过程的工艺化、规范化。

众所周知，国内汽车维修企业中的技能传授和职业学校中的技能传授是完全不同的两种方式。维修企业中师傅带徒弟采用一对一的方式，师徒二人一教一学、一讲一听、一做一看、一动一跟、一演一练，几个回合就可以把技能要点教给徒弟，并且可以直接反馈出徒弟掌握的水平，便于及时调整传授的方法。这种教学过程又往往是结合汽车维修的实践来完成的，所用“教具”就是实际的待修车辆，师教徒学后的结果能直接被竣工出厂检验所验证。因此，这个实训过程本身就是实习过程，具有极好的实战性。

职业学校中教师带学生则采用一对多组并联教学的方式，操作对象是教具，教师一边讲一边做示范，学生一边听一边看，但很难同时一边练；即使同时练了，教师也无法了解每个学生的动作是否正确，更无法及时纠正学生的操作错误。这种情况下，教师为了达到教学目的不得不分组“单兵”教练，这样又变成了一对一组的串联教学方式，极大地降低了教学效率、增加了教学成本。由于学校的实训过程并不与汽车维修实践相联系，因此，实训过程与实习过程分离，学生的操作是否达到实际的技能要求也无法被检验，缺乏实战性。

以上两种技能传授方式的差异性，既是汽车维修职业教育实训教学的难点，也是“汽车维修职业教育实训课工艺化教学模式”开发的首要突破点。这种新的教学模式采用一对多组的并联教学方式，在教师讲解示范的过程中，运用视频投影的方法扩大现场的可视范围，提高动作细节的可视度，解决一对多组教学的示范观摩难点；同时，将所要传授的技能过程划分为一个个独立的作业流程，再将每一个作业根据学生一次所能接受掌握的程度细分为若干个简单的工艺步。老师每示范一个工艺步，就让各组同学操作一个工艺步，步步紧跟、每步皆停、统一节奏，这样就把复杂连续的技能教学过程分解成一个个独立简单的工艺教学过程。教师在教学时只要合理地把握了教学的工艺节奏，也就把握住了教学的全过程。这也是实训课工艺化教学的最大特点。

实训课工艺化教学还同时解决了技能实训中的几个重要问题。一是保证学生安全操作。在工艺化教学过程中刻意安排了每个工艺步中关键的起始点和停止点，只要在每个工艺步中把起停节奏把握在安全操作的关键点上，也就是进行到关键点时统一停止，就能让任课教师控制住操作过程的“安全脉搏”，实现技能实训“安全第一”的有效控制。二是保证不同的老师传授维修工艺的一致性。企业中相同的作业，不同的师傅往往教出不同的操作步骤和方法，而现代汽车维修工艺要求相同的作业必须采用完全一致的规范流程和标准统一的技术要求。工艺化教学是以汽车维修手册的维修工艺标准为依据制定教学工艺流程，无论哪一位教师担任实训课程的指导，都必须按照统一的工艺流程讲课，这就保证了技能传授的规范化和标准化，克服了师傅带徒弟中的个性化和随意化。三是正确处理实践与理论结合的问题。师傅带徒弟时往往重视教“怎样做”，忽视讲“为什么要这样做”。在实训课工艺化教学中非常重要的一环就是在每个作业项目或每个工艺步的教学开始和结束时，利用教师和学生手“停”的时机，让大家的脑子动起来，由教师对学生讲解“怎样做”和“为什么要这样做”的关系，达到理论联系实际、实训课与理论课衔接的目的。

从 2004 年至 2006 年的 3 年间，“汽车维修职业教育核心专业实训课工艺化教学模式的开发及推广”项目共组织开发了 17 项课题，其中实训课题 13 项，相关课题 4 项，涵盖了汽车发动机、底盘、电器、电控、车身五大系统，维护、修理、检测、诊断 4项维修内容，整车、台架、教具、仿真 4 种教学方式，示范课和工艺课 2 种实训教学形式。在 2004 年 2 月于山东德州召开的“首届汽车运用工程高级讲师研习班”、2005 年 7 月于河北承德召开的“2005 全国汽修职教核心专业课示范交流会”和 2006 年 7 月于江苏南京召开的“2006 全国汽修职教核心专业课示范交流会”上，以上课题教学方案的介绍及现场教学示范均得到了相关领导、专家、学校代表的广泛好评。据了解，全国已有不少学校将此工艺化教学模式运用于实训教学实践，培养出的毕业生得到了用人单位的普遍欢迎，部分学校的毕业生被用人单位提前 1～2 年预订。

截至 2006 年 8 月，共有 12 项实训课题通过专家验收。汽车维修职业教育实训课“工艺化”系列教材正是从这 12 项课题中挑选、整合后形成的实训指导丛书。本套教材按照实训课工艺流程的顺序撰写，操作图片和文字紧密呼应，既有教学工艺流程，也有维修工艺要求；既有技能教学要点，也有维修技术标准。书中不仅有教学实训场地和教具特点的描述，还有教学中使用到的通用和专用工具、量具的识别和使用方法的传授，并将教师的教学课件投影和示范教学视频录像收集、整理进所附光盘中，形成形态完整、全新的立体化实训教材。

值得强调的是，实训指导教材应该是实训课工艺化、规范化、标准化教学的指导文件，不同型号的教学设备应该开发出不同的实训教学指导文件。实训中心不仅应包含完备的教学实训设备，还应该包括完善的实训教学指导文件。购置教学实训设备是实训中心的“硬件”建设内容，而开发实训教学指导文件则是实训中心的“软件”建设内容。缺少“软件”的实训中心是不完整的实训中心，它从根本上影响了实训教学的质量。

汽车维修职业教育实训课工艺化教学模式的研究只是一个初步探讨，我们希望这项工作及汽车维修职业教育实训课“工艺化”系列教材能为汽车维修职业教育实训课的教学改革提供可借鉴的经验，同时也为辛勤耕耘在汽车维修职业教育一线的专业教师提供有益的帮助。这当中不可避免地存在各种各样的问题和不足，在此真诚地希望汽车维修职业教育界的领导和同仁们提出宝贵的意见和建议。

在课题的开发及教材的编写过程中，得到了教育部职成司刘杰处长、中国汽车维修行业协会康文仲会长和张京伟秘书长的悉心指导，在此特致诚挚谢意。

编　者

2008 年 5 月于北京

·前 言·

在本书编写过程中，组织编写单位中国汽车工程学会汽车应用与服务分会和核心支持单位博世贸易（上海）有限公司又进一步拓宽了合作领域，共同策划实施了“博世校企合作”项目。该项目计划 3 年（2007—2009 年）内，通过在全国至少 20 所汽车职业院校开办“博世班”，摸索出一套培养“汽车医生”的有效方法，尽快培养出一批国内急需的汽车诊断人才。经中国汽车工程学会批准，“博世班”的学生已纳入中国汽车工程师专业技术资格认证体系，在通过考核和评审后，将获得“中国汽车诊断见习工程师”认证证书。自 2007 年 5 月正式启动以来，该项目进展顺利。到目前，第一批 6 所合作学校已正式开班，第二批合作学校的筛选也正在进行中。

在制订“博世班”教学计划和课程大纲时，经专家评估，本套丛书中《汽车诊断中心设备的配置与使用》、《汽车检测中心设备的配置与使用》、《汽车电控发动机实车故障诊断》（本书）被选为“博世班”的教材。该项目组又专门指定专家对这三本书的内容进行了修订，使其更加完善和规范。

本书的主要内容包括发动机电路故障诊断（故障码分析）、发动机电路故障诊断（数据流分析）、发动机点火系统故障诊断、发动机油路故障诊断和发动机进气系统故障诊断等。通过对汽车电控发动机各系统典型故障的实车诊断分析，培养学生的诊断思路，使学生掌握必要的诊断方法，学会运用现代汽车检测诊断设备对汽车进行不解体的故障诊断。本书以图文并茂的形式，展现了实车故障诊断的工艺化流程和相应的工艺化教学过程，既是专业教师的实训指导手册，也是学生的自学工具。另外，由于本书中的软件无法及时修改，因此软件插图中所涉及的一些不正确的计量单位（现已停止使用），如转 / 分、ppm、mbar 等均保留，在此特以说明。

本书在编写过程中得到了朱军老师、王凯明老师的悉心指导，得到了博世贸易（上海）有限公司的大力支持，在此表示衷心的感谢。

由于经验不足，水平有限，加之时间仓促，书中难免有疏漏和不足之处，恳请专家和同仁提出宝贵意见。

编　者

2008 年 7 月于常州

CONTENTS

目录

CONTENTS

目录

课题一　发动机电路故障(故障码分析)

一、车辆的准备

(1) 用车钥匙将驾驶室车门打开，并将驾驶员侧车窗玻璃降下，以免车门自锁而将钥匙锁在车内。

(2) 从工具车上取出脚垫，将脚垫垫在地毯上。

(3) 从工具车上取出座套，将坐椅套上。

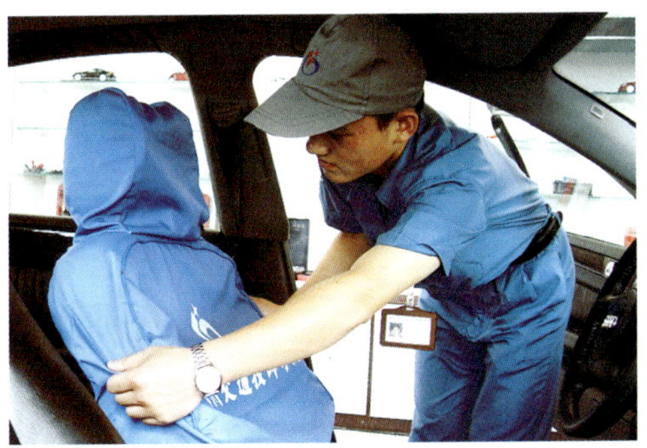

(4) 从工具车上取出方向盘护套，进入驾驶室将方向盘套上。

(5) 将发动机盖保险打开。

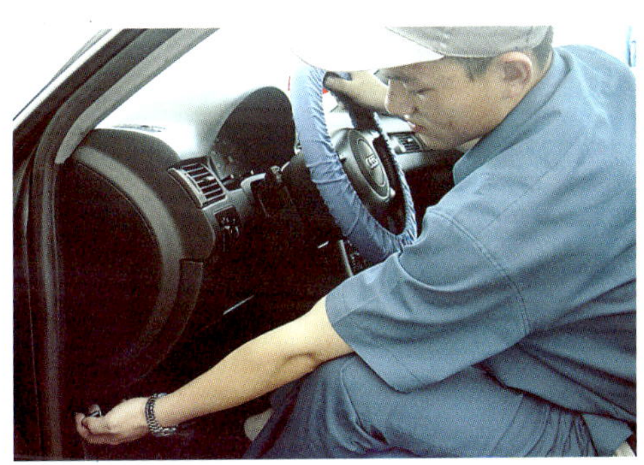

(6) 将发动机盖打开。

(7) 从工具车上取出翼板护垫，把汽车两侧的翼板保护好。

二、仪器的准备

(1) 将仪器推至车辆旁。

(2) 在检测仪器断电情况下将其接上电源。

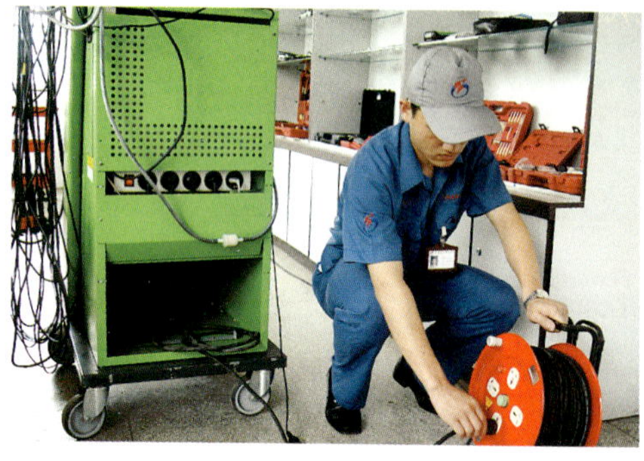

(3) 打开仪器电源及计算机电源开关。

三、发动机电路故障诊断

下面以空气流量计与计算机连接导线断路为例，介绍发动机电路故障诊断（故障码分析）过程。

（一）观察发动机故障症状

发动机怠速稍有抖动，急加速动力欠缺。

（二）读取故障码，并对其进行分析

1. 仪器与车辆的连接

(1) 通过博世仪器查找车辆诊断座位置及诊断头。

① 单击“BOSCH-KTS540 控制总成诊断”选项。

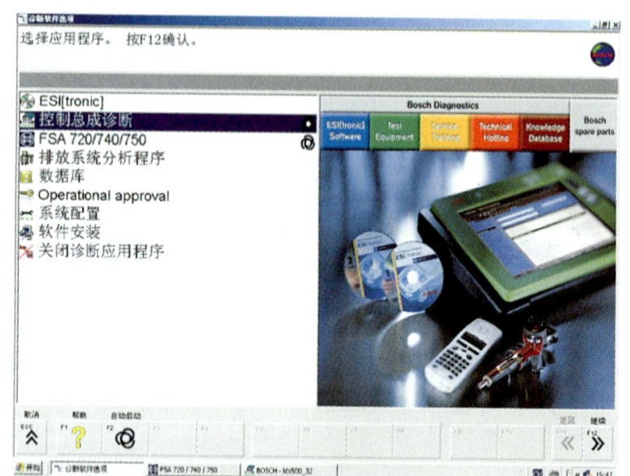

② 单击“F12”。

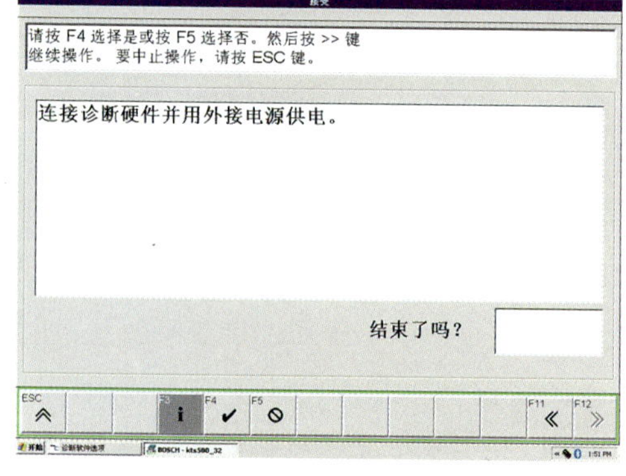

③ 单击“F3”，选择“诊断插孔”。

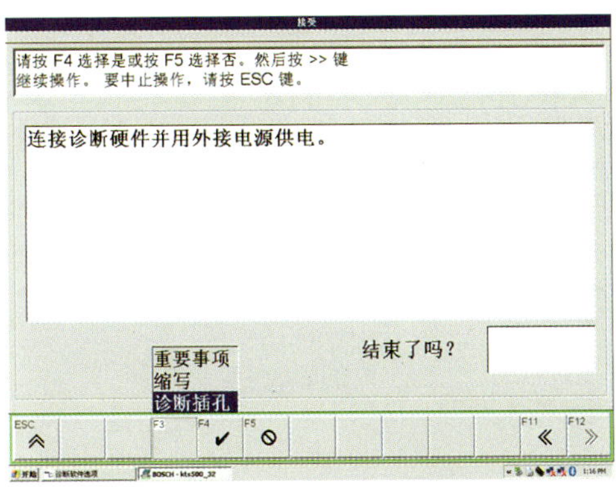

④ 系统进入“HTML 帮助”窗口，选择“AUDI”品牌。

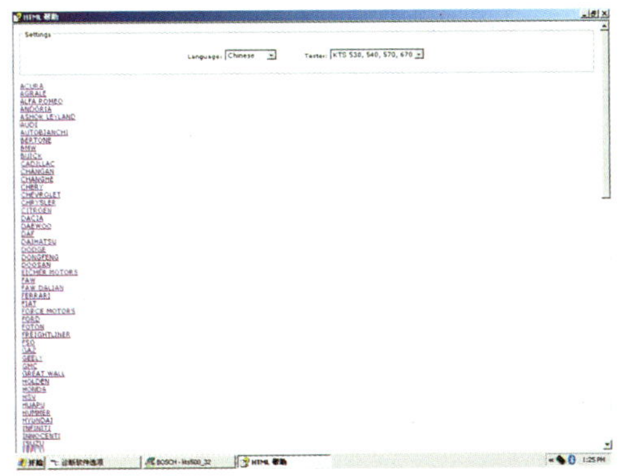

⑤ 在“AUDI A6”帮助窗口“目录”选择车辆出厂日期。

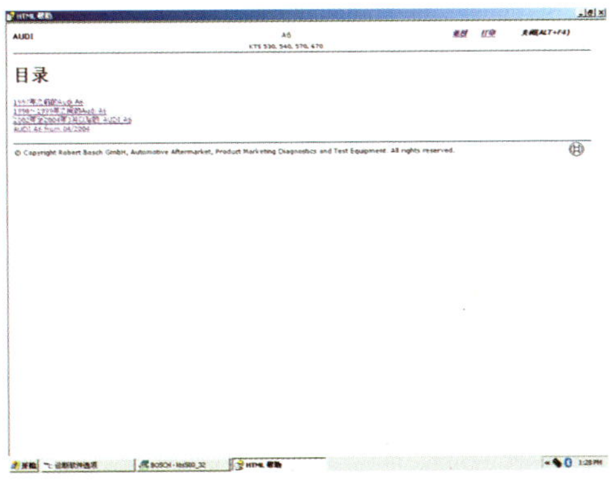

⑥ 确定通讯诊断座位置及形状。

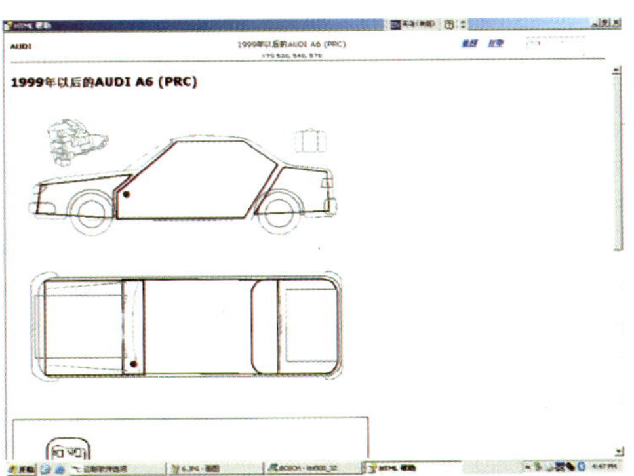

⑦ 按照位置提示，在实际车辆上找出诊断座。

⑧ 按照图形及发动机型号在仪器上找出诊断插头。

⑨ 单击帮助窗口“× ”按钮，退出帮助菜单。

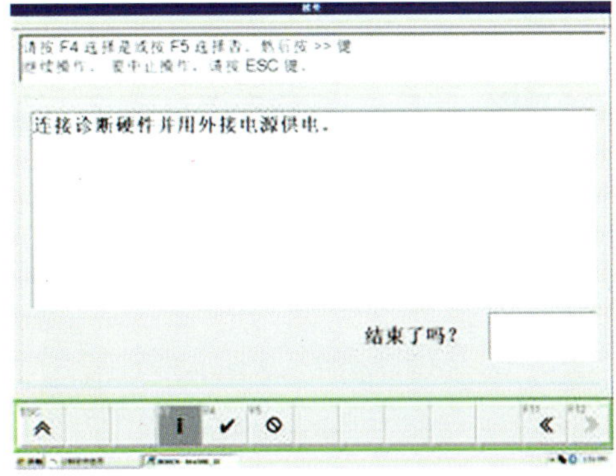

(2) 仪器与车辆的连接。

① 确认点火开关处于断开位置。

② 将诊断头插入诊断座中。

诊断头插入诊断座时要小心操作，以防损坏诊断头针脚。

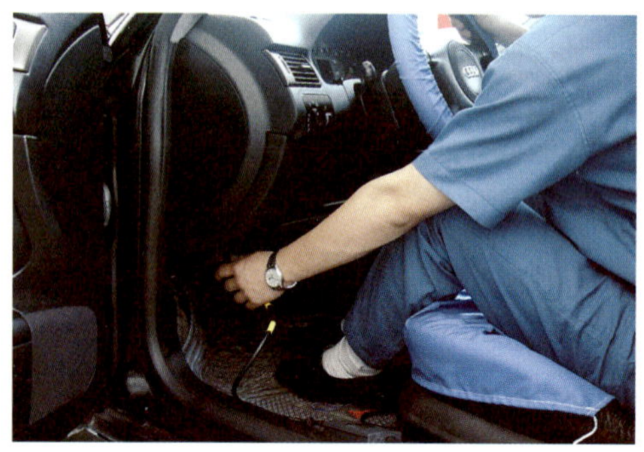

2. 仪器的操作

(1) 打开点火开关。

(2) 单击“F4”、“F12”。

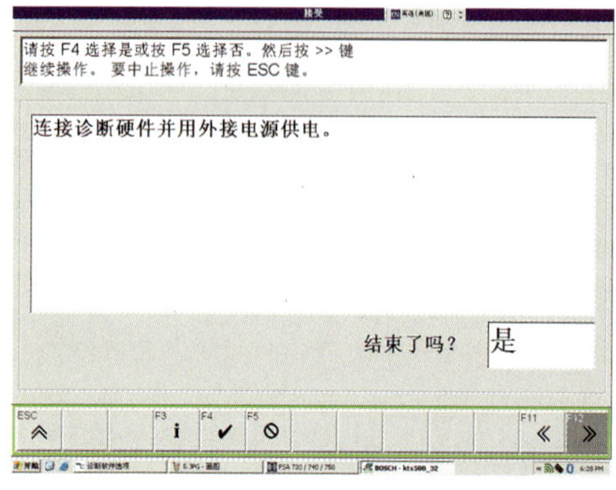

(3) 在“控制总成诊断”窗口，单击“F12”。

(4) 系统进入“控制模块诊断”窗口。

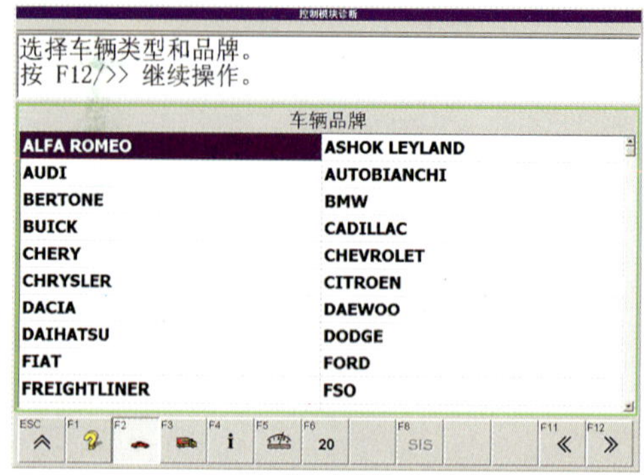

(5) 在“车辆品牌”列表中选择“AUDI”，单击“F12”。

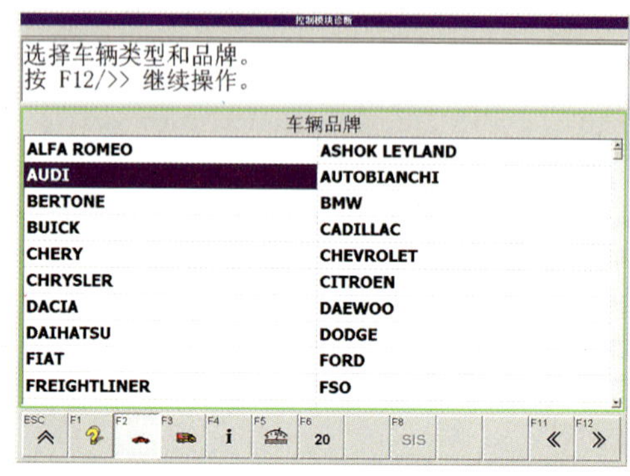

(6) 系统进入“选择驱动方式”窗口。

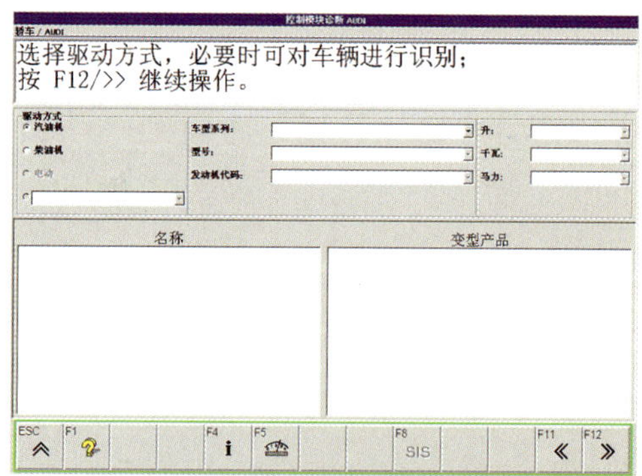

（7）按被检测的车型选择发动机系列、型号、代码、年代等参数后，单击“F12”。

如果不知道识别车型的具体内容，可以直接单击“F12”，系统自动寻找。

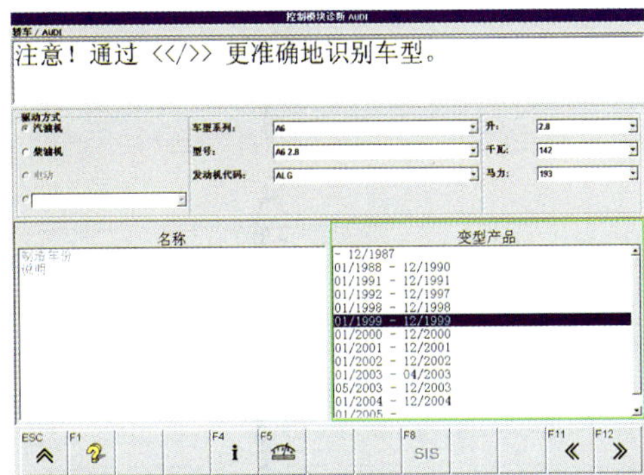

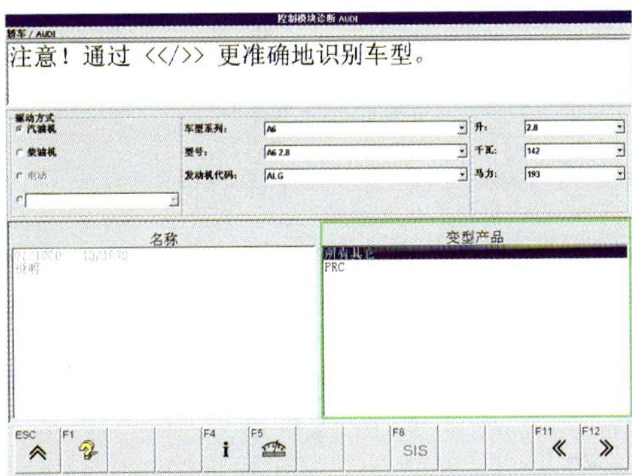

（8）单击“发动机控制”项。

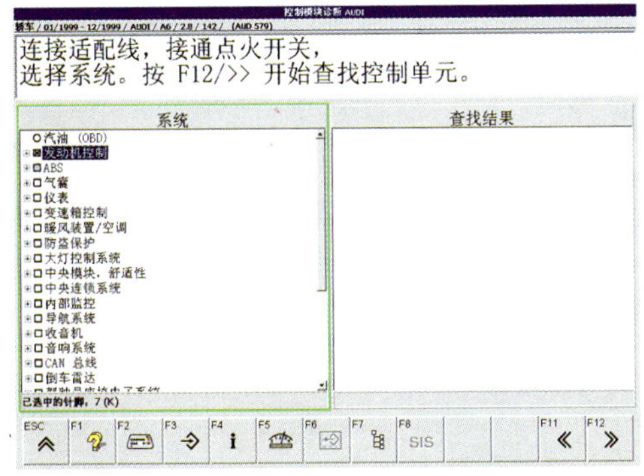

（9）单击“发动机控制系统 I”项。

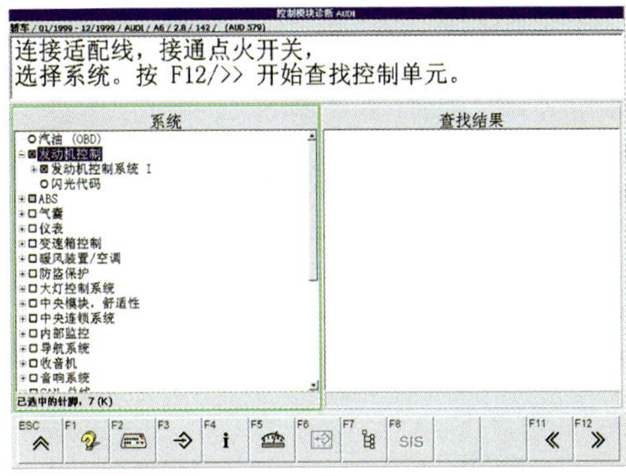

（10）选择“Motronic M5.9.x”，单击“F12”。

如果不知道具体的控制系统版本，可以直接单击“F12”，系统自动寻找。

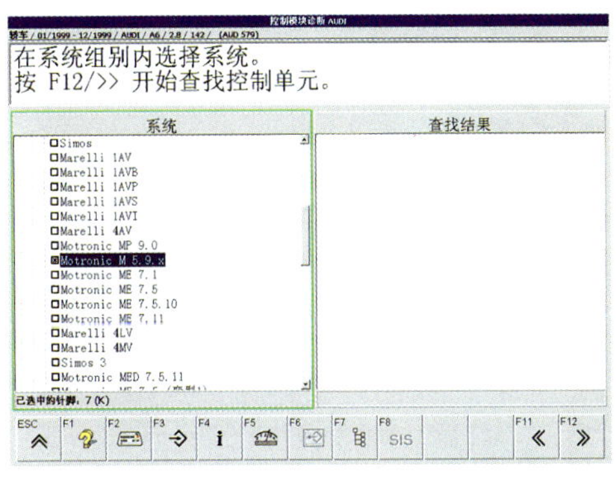

（11）进入“控制模块诊断 AUDI Motronic M5.9.x功能选择”窗口，选择“识别”，单击“F12”。

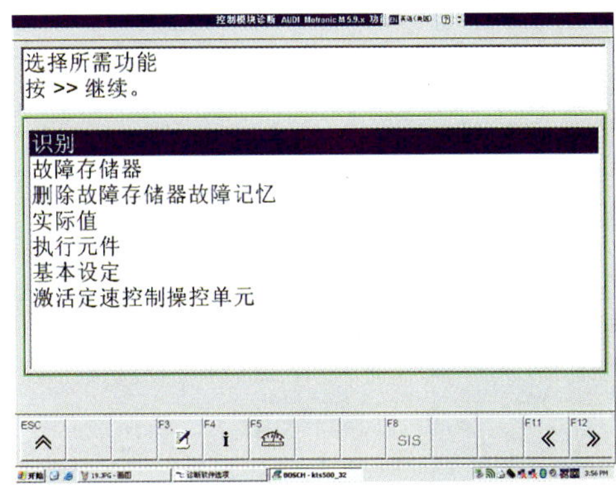

（12）进入“控制模块诊断 AUDI Motronic M5.9.x 识别”窗口。

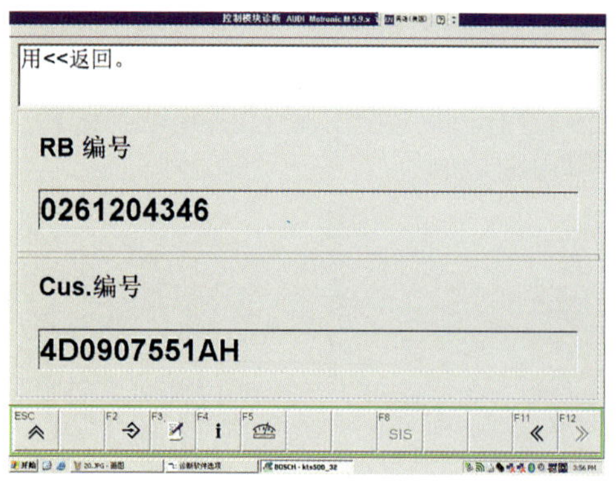

（13）确认“RB 编号”及“Cus. 编号”是否与车辆电脑编号相同。其中，RB 编号为 BOSCH 产品零件号，Cus. 编号为汽车厂家零件号。

（14）在“控制模块诊断 AUDI Motronic M5.9.x 识别”窗口中单击“F11”，退出。

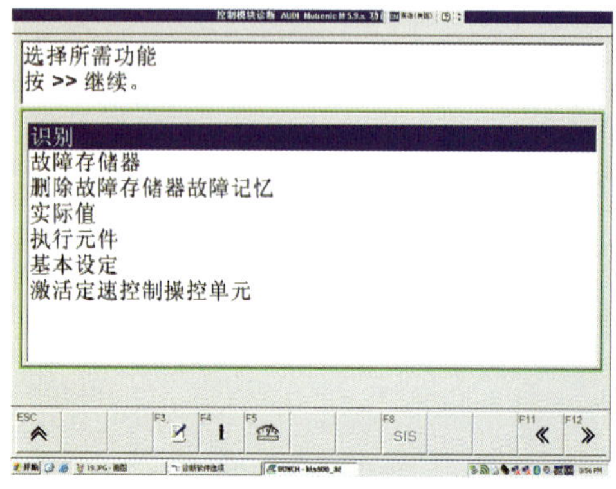

（15）在“控制模块诊断 AUDI Motronic M5.9.x 功能选择”窗口中选择“故障存储器”，单击“F12”。

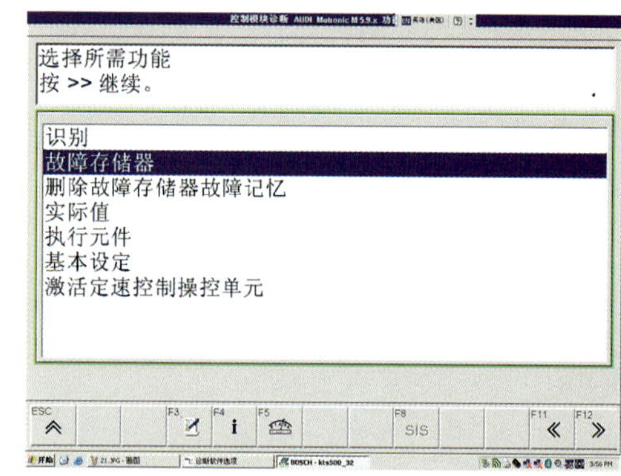

（16）系统进入“控制模块诊断 AUDI Motronic M5.9.x 故障存储器”窗口，显示错误代码及内容，记下此时显示的内容。

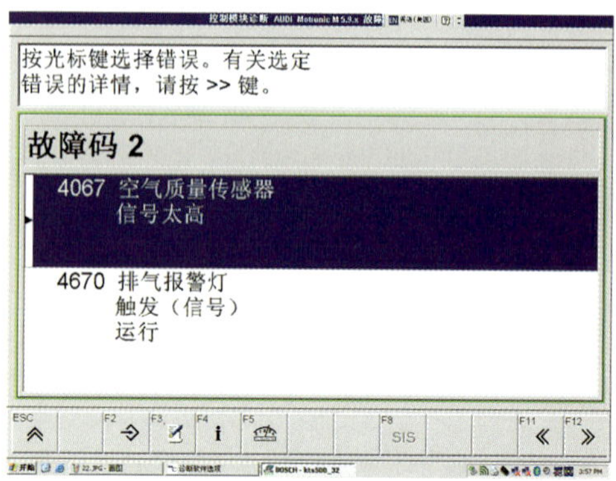

（17）在“控制模块诊断 AUDI Motronic M5.9.x 故障存储器”窗口中单击“F11”，退出。

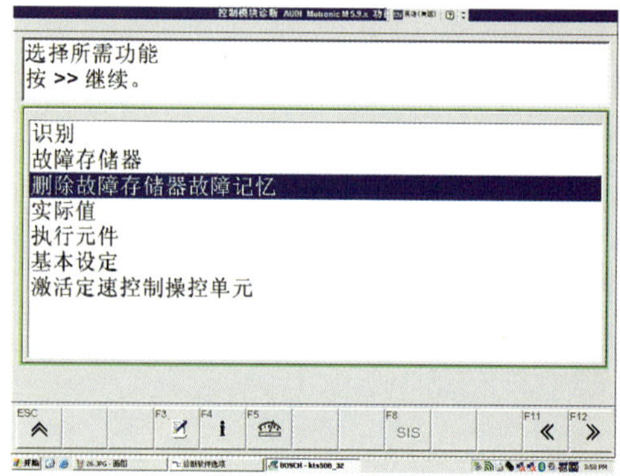

（18）在“控制模块诊断 AUDI Motronic M5.9.x 功能选择”窗口中选择“删除故障存储器故障记忆”，单击“F12”，窗口中出现提示“系统中错误记录已清除”。

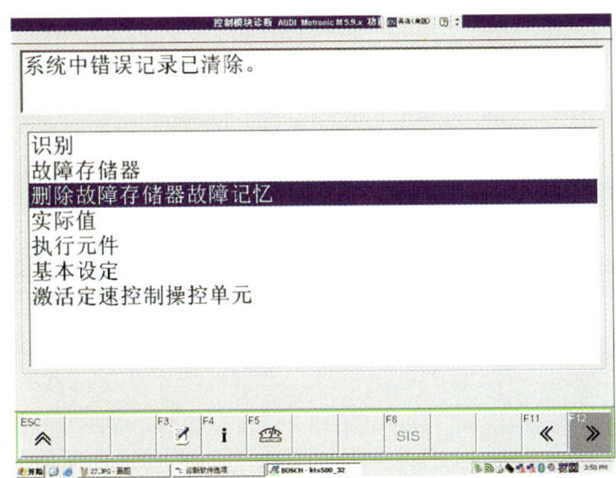

(19) 重新读取故障码，确认故障码已被消除。

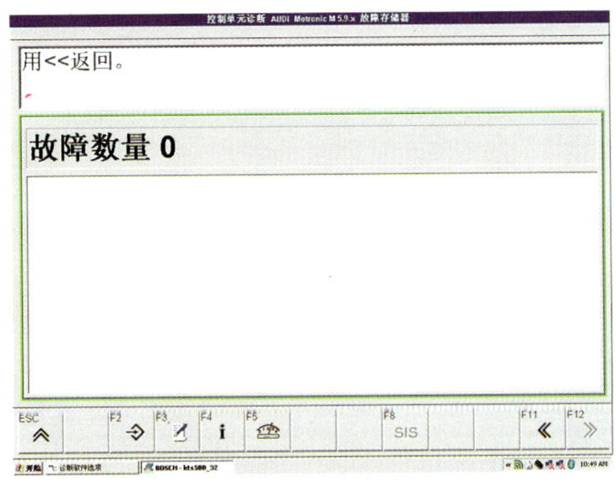

(20) 启动发动机，使发动机在各种转速下运行 3 分钟以上，然后熄火，此时点火开关处于打开位置。

(21) 在“控制模块诊断 AUDI Motronic M5.9.x 功能选择”窗口中选择“故障存储器”，单击“F12”。

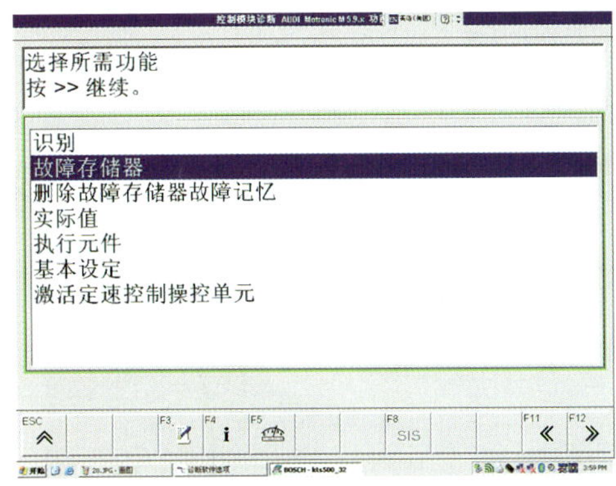

(22) 记录下在“控制模块诊断 AUDI Motronic M5.9.x 故障存储器”窗口中显示的错误代码及内容。

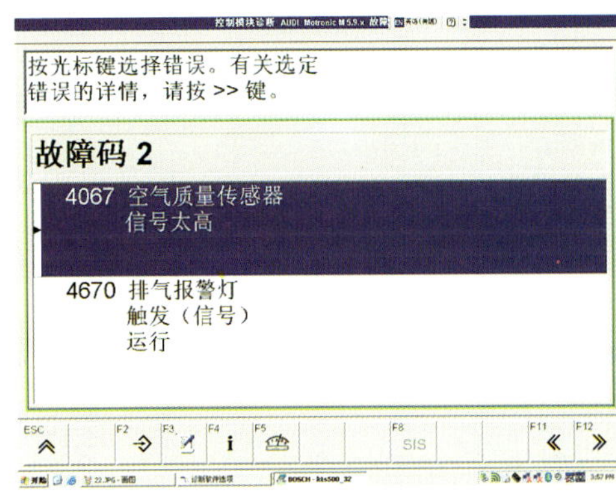

(23) 在故障码检验单上记录检验结果。

故障码检验单

车型	AUDI A6 2.8L				出厂日期			2001 年 9 月		
第一次读取结果	4067 空气质量传感器信号太高 4670 排气报警灯触发 (信号) 运行									
清除后再读结果	系统正常									
试车时的症状	发动机怠速稍有抖动，急加速动力欠缺									
再次读取结果	4067 空气质量传感器信号太高 4670 排气报警灯触发 (信号) 运行									
故障码分析	故障代码	当前	历史	相关	无关	功能	元件	持续	间歇	说明备注
	4067	●		●			●	●		
	4670	●		●		●		●		

(24) 单击“F11”，退出系统。

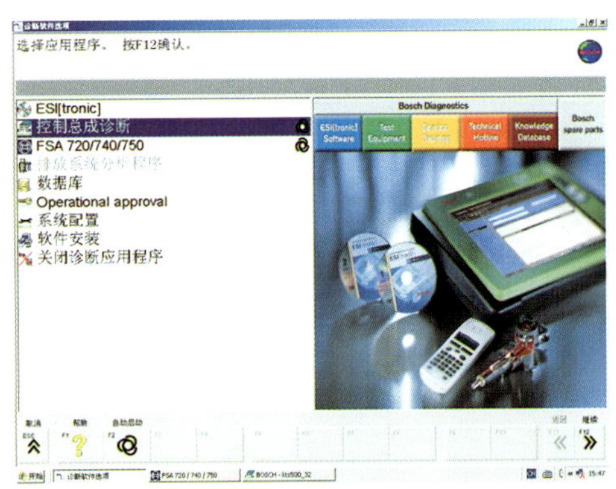

(25) 断开点火开关。

3．故障码检验单

<table>
<tr><th colspan="12">故障码检验单</th></tr>
<tr><td>车型</td><td colspan="5">AUDI A6 2.8L</td><td colspan="3">出厂日期</td><td colspan="3">2001 年 9 月</td></tr>
<tr><td>第一次读取结果</td><td colspan="11">4067 空气质量传感器信号太高
4670 排气报警灯触发 (信号) 运行</td></tr>
<tr><td>清除后再读结果</td><td colspan="11">系统正常</td></tr>
<tr><td>试车时的症状</td><td colspan="11">发动机怠速稍有抖动，急加速动力欠缺</td></tr>
<tr><td>再次读取结果</td><td colspan="11">4067 空气质量传感器信号太高
4670 排气报警灯触发 (信号) 运行</td></tr>
<tr><td rowspan="6">故障码分析</td><td>故障代码</td><td>当前</td><td>历史</td><td>相关</td><td>无关</td><td>功能</td><td>元件</td><td>持续</td><td>间歇</td><td colspan="2">说明备注</td></tr>
<tr><td>4067</td><td>●</td><td></td><td>●</td><td></td><td></td><td>●</td><td>●</td><td></td><td colspan="2" rowspan="5"></td></tr>
<tr><td>4670</td><td>●</td><td></td><td>●</td><td></td><td>●</td><td></td><td>●</td><td></td></tr>
<tr><td></td><td></td><td></td><td></td><td></td><td></td><td></td><td></td><td></td></tr>
<tr><td></td><td></td><td></td><td></td><td></td><td></td><td></td><td></td><td></td></tr>
<tr><td></td><td></td><td></td><td></td><td></td><td></td><td></td><td></td><td></td></tr>
</table>

4．教师评语

通过“读故障码——清除故障码——重新读取——启动发动机——读故障码”的操作步骤得到了“4067 空气质量传感器信号太高”和“4670 排气报警灯触发(信号) 运行”这两个故障码，并对这两个故障码进行了分析（见故障码检验单），确认只需排除“4067 空气质量传感器信号太高”的故障码。

(三) 故障排除

(1) 选择“ESI [tronic]”，单击“F12”。

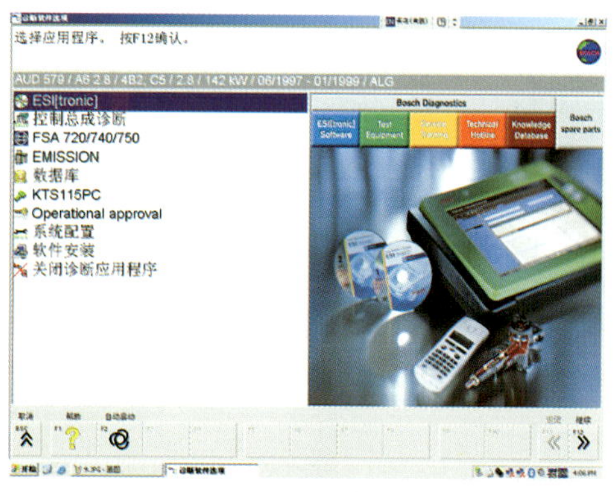

(2) 系统进入“ESI [tronic]”窗口，根据被检测车型选择汽车类型、驱动方式、厂牌、发动机型号等车辆参数，找到 4067 空气流量计故障码的相关诊断排除资料（位置图、电路图和标准值等）。

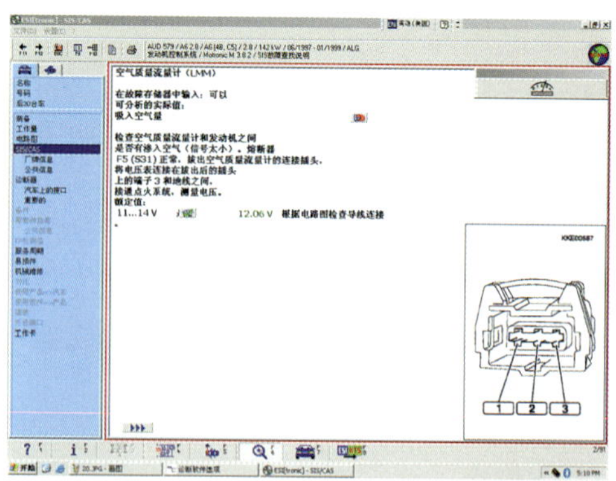

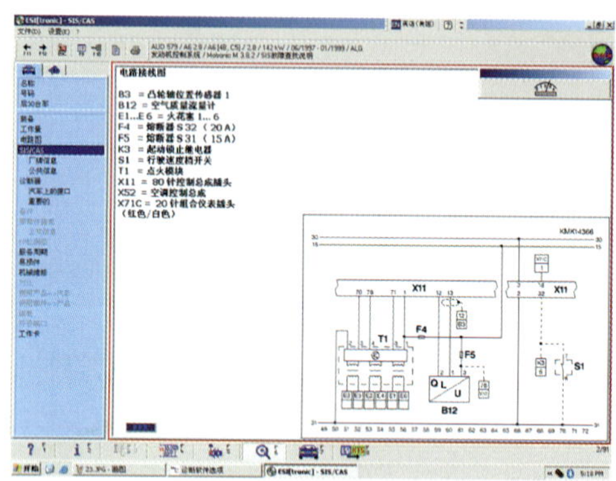

(3) 根据电路图将空气流量计的接线逐步检查，使用万用表检测空气流量计信号线，若为无穷大，则说明此导线断路。

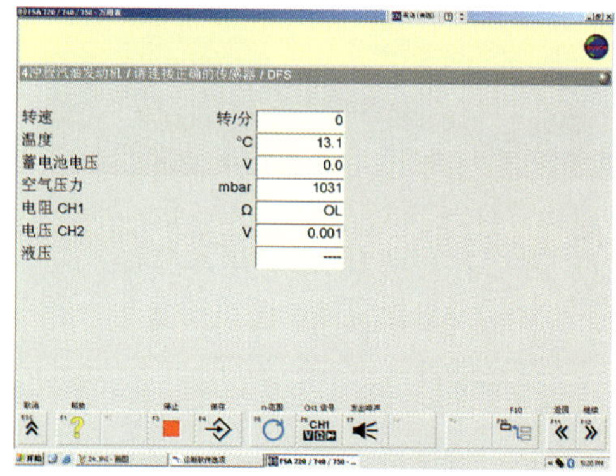

(4) 更换空气流量计至电脑的信号导线，排除故障。

（四）试车、复检

发动机工作正常，无故障码。

四、结束工作

(1) 将诊断头从诊断座中拔出。

(2) 将诊断头放在博世综合分析仪的专用架上。

(3) 将翼板护垫取下，置于工具车上。

(4) 将发动机盖合上。

(5) 将方向盘护套取出，置于工具车上。

(6) 将座套取出，置于工具车上。

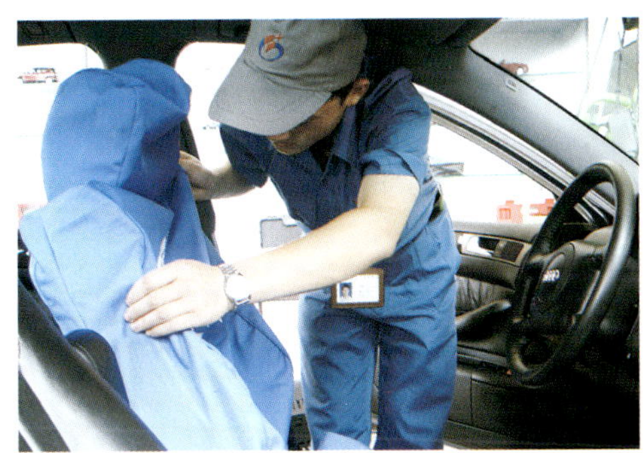

(7) 将脚垫取出，置于工具车上。

(8) 关上车门，检测结束。

课题二　发动机电路故障（数据流分析）

一、车辆的准备

参照课题一中相同步骤。

二、仪器的准备

参照课题一中相同步骤。

三、发动机电路故障诊断

下面以冷却液温度传感器与计算机连接导线接触电阻过大为例，介绍发动机电路故障诊断（数据流分析）过程。

（一）发动机症状

发动机冷车启动正常，热车启动困难；热车运行时排气管稍冒黑烟，油耗增大。

（二）故障码分析

1．仪器与车辆的连接

参照课题一中相同步骤。

2．仪器的操作

参照课题一中“2. 仪器的操作”步骤（1）~（15）。

（16）系统显示故障码为 0。

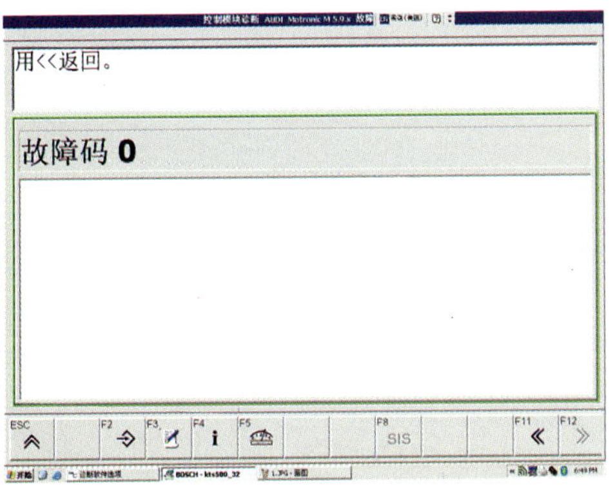

（17）在故障码检验单上记录检验结果。

故障码检验单

车型	AUDI A6 2.8L								出厂日期	2001 年 9 月
第一次读取结果	系统正常									
清除后再读结果										
试车时的症状	发动机冷车启动正常，热车启动困难，热车运行时排气管稍冒黑烟，油耗增大。									
再次读取结果	系统正常									
	故障代码	当前	历史	相关	无关	功能	元件	持续	间歇	说明备注
故障码分析										

（18）单击“F11”，退出系统。

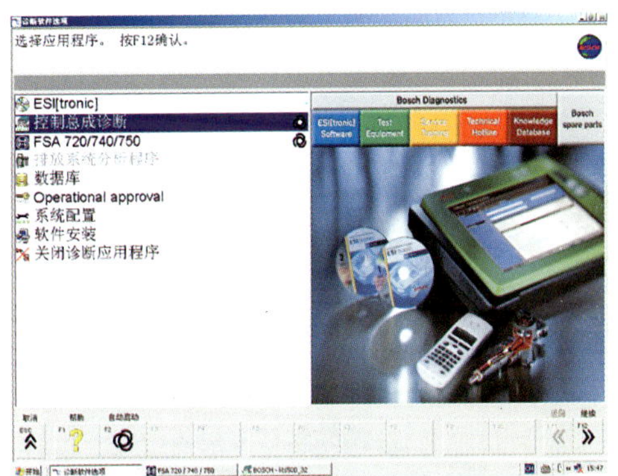

（19）将点火开关断开。

3．故障码检验单

故障码检验单										
车型	AUDI A6 2.8L				出厂日期		2001 年 9 月			
第一次读取结果	系统正常									
清除后再读结果										
试车时的症状	发动机冷车启动正常，热车启动困难；热车运行时排气管稍冒黑烟，油耗增大。									
再次读取结果	系统正常									
故障码分析	故障代码	当前	历史	相关	无关	功能	元件	持续	间歇	说明备注

4．教师评语

通过读取故障码发现无故障码，说明发动机故障自诊断系统未检测到故障，但发动机当前确实存在故障。下面应根据发动机当前故障分析故障产生的原因，即进行数据流分析。

(三) 数据流分析

1．仪器的操作

(1) 启动发动机，怠速运转。

(2) 在“控制模块诊断 AUDI Motronic M5.9.x 功能选择”窗口中选择“实际值”，单击“F12”。

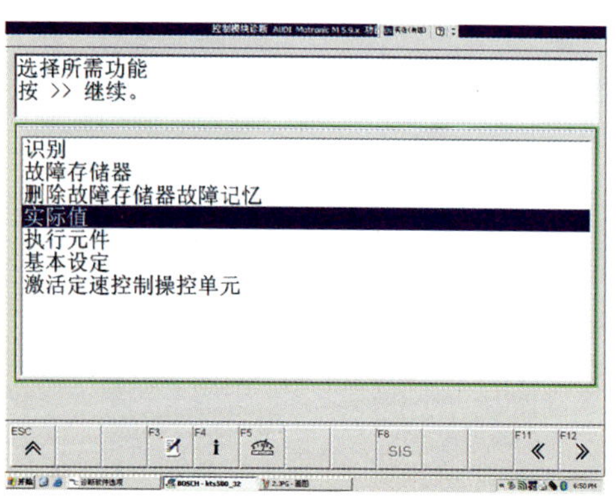

(3) 系统进入“控制模块诊断 AUDI Motronic M5.9.x 实际值”窗口，选择“发动机转速”、“空气温度传感器”、“发动机水温传感器”和“喷射持续时间”。

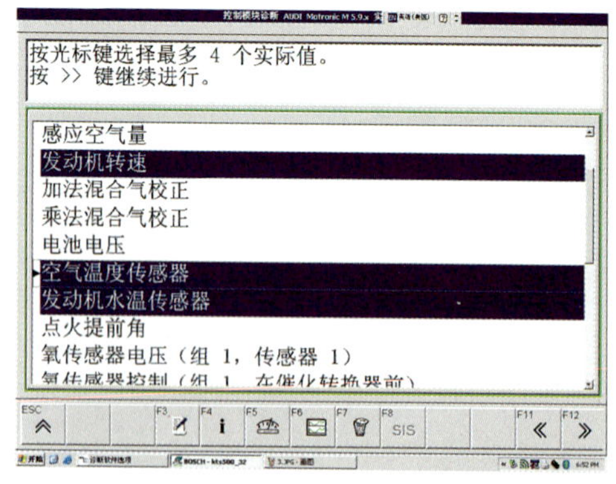

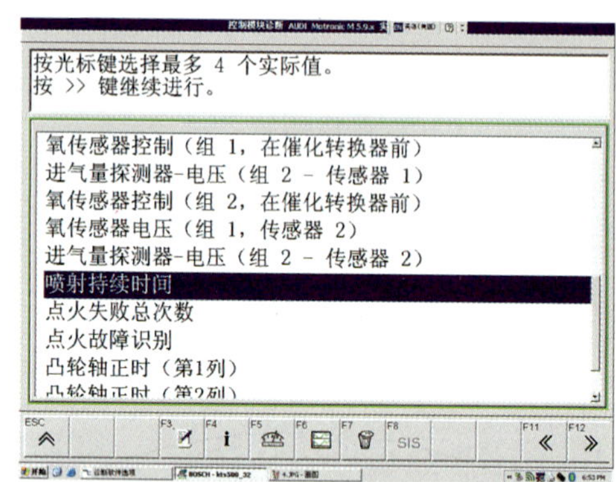

(4) 单击“F12”，显示参数实际值。

(5) 单击“F11”，退出系统。

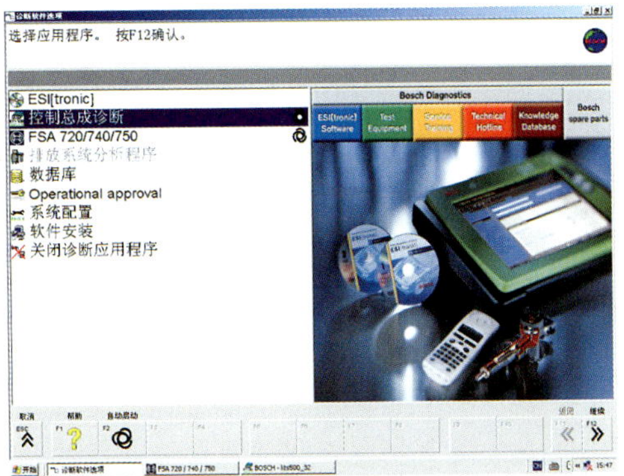

(6) 断开点火开关。

2. 数据流检验单(见打印件)

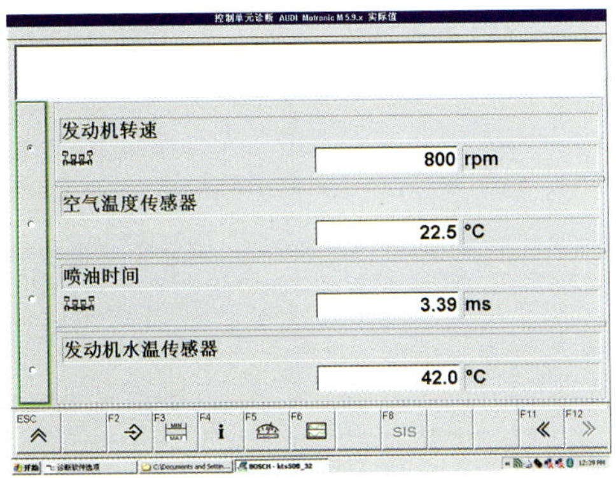

3. 教师评语

通过数据流分析发现，发动机水温传感器显示值为42℃，而发动机的冷却风扇在旋转，这说明水温传感器显示值与实际水温值不一致，比发动机实际水温值低，从而导致此故障现象。下一步应针对发动机水温传感器本身与计算机的连接导线以及计算机内涉及水温传感器的部分电路进行排查。

(四) 故障排除

(1) 系统进入“ESI[tronic]”，根据被检测的车型选择汽车类型、驱动方式、厂牌、发动机型号等车辆参数，找到发动机水温传感器的相关诊断资料（位置图、标准值和电路图等）。

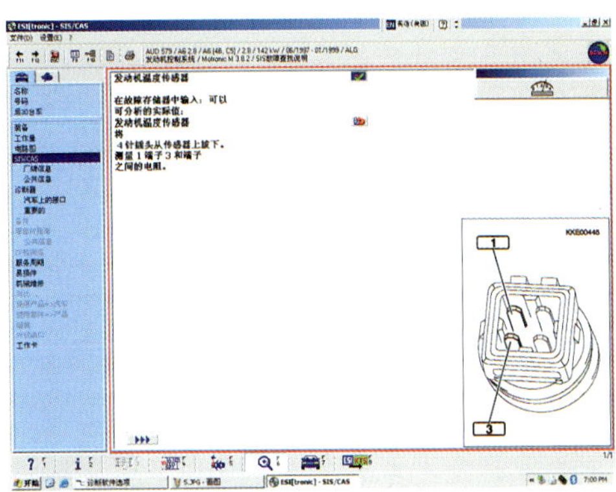

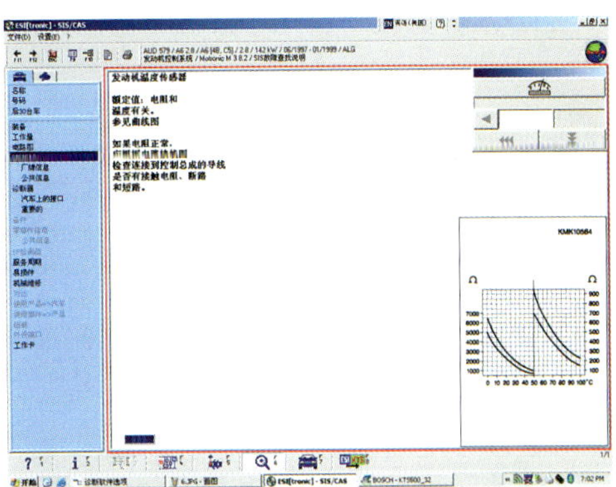

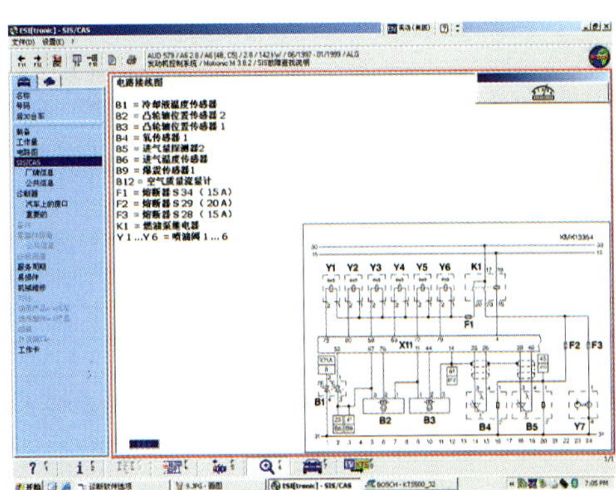

（2） 使用 FSA740 万用表测量发动机水温传感器与计算机连接线电阻为 562 Ω，一根导线的电阻值应该小于 1 Ω，这说明导线测量点之间有阻值。

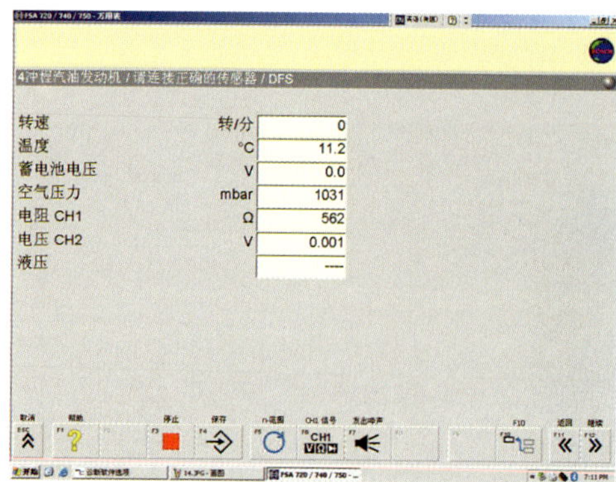

（3） 更换发动机温度传感器至计算机的信号导线，排除故障。

（五）试车、复检

发动机工作正常，无故障码。

四、结束工作

参照课题一中相同步骤。

课题三　发动机点火系统故障

一、车辆的准备

参照课题一中相同步骤。

二、仪器的准备

参照课题一中相同步骤。

三、发动机点火系统故障诊断

下面以某缸火花塞间隙过小为例介绍发动机走火系统故障诊断过程。

（一）发动机症状

发动机以正常工作温度运转，发现怠速有轻微抖动。

（二）故障码分析

1．仪器与车辆的连接

参照课题一中相同步骤。

2．仪器的操作

参照课题二中相同步骤。

3．故障码检验单

参照课题二中相同步骤。

4．教师评语

故障码检验单结果为无故障码，说明发动机自诊断系统检测不到发动机故障，但发动机有故障存在，接下来要进行数据流分析。

（三）数据流分析

1．仪器的操作

（1）启动发动机，怠速运转。

（2）在“控制模块诊断 AUDI Motronic M5.9.x 功能选择”窗口中选择“实际值”。

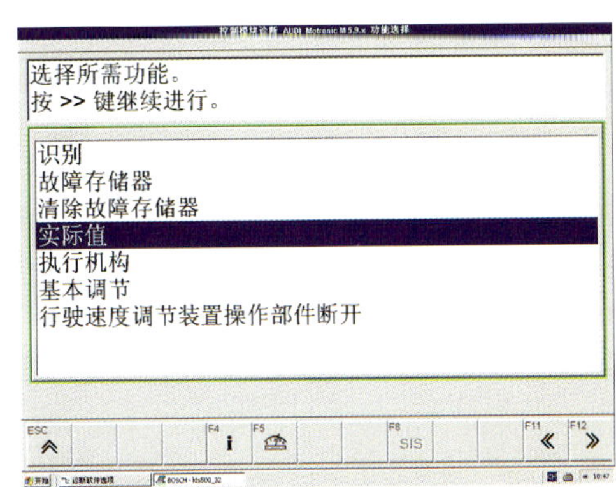

（3）单击“F12”。

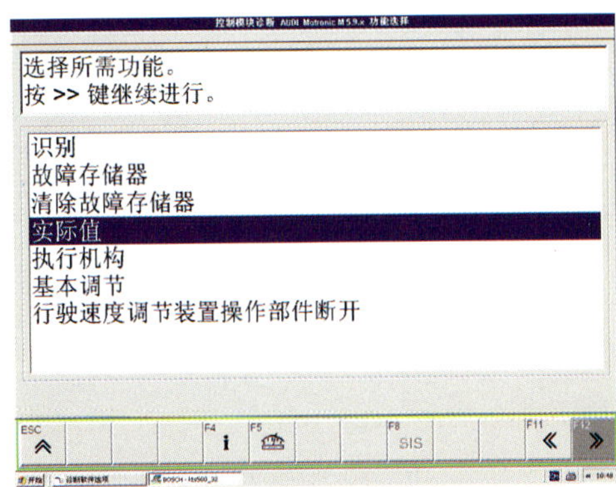

（4）系统进入“控制模块诊断 AUDI Motronic M5.9.x 实际值”窗口。

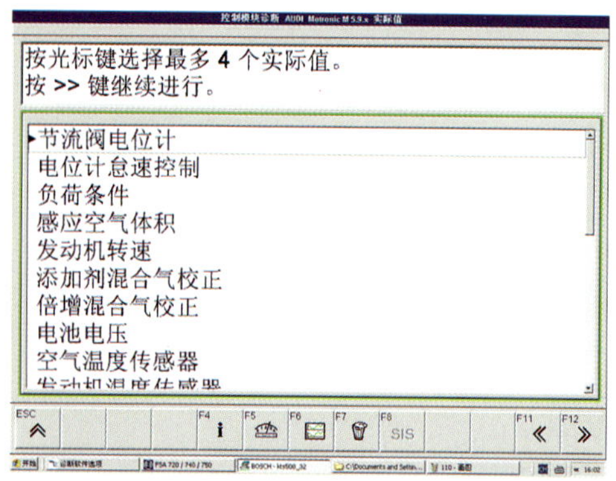

（5）在“控制模块诊断 AUDI Motronic M5.9.x 实际值”窗口中选择“发动机转速”、“氧传感器控制（组 1，在催化转换器前）”、“氧传感器控制（组 2，在催化转换器前）”和“喷射持续时间”。

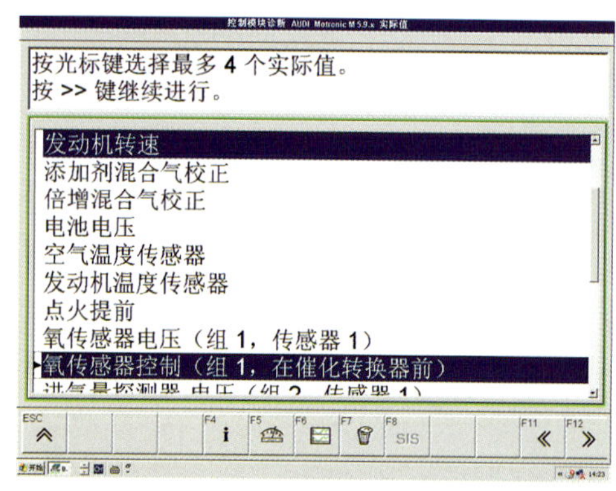

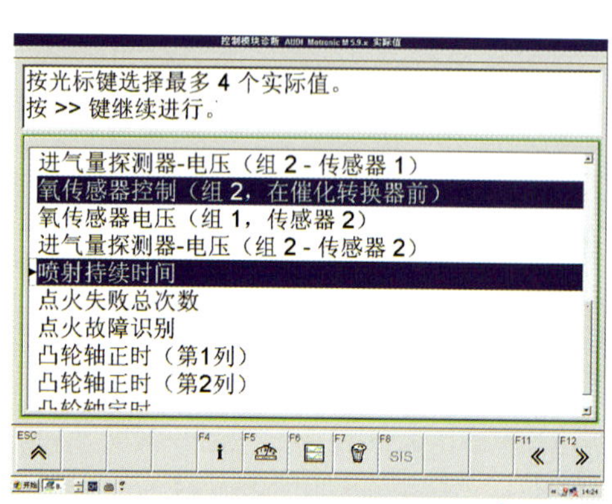

（6）单击“F12”，显示各参数实际值。

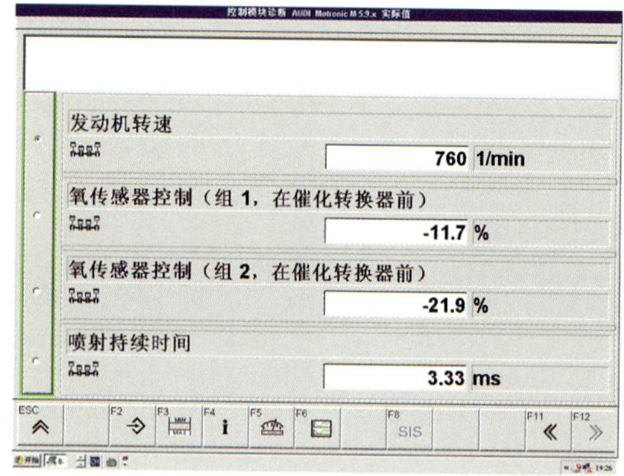

（7）单击“F11”，退出系统。

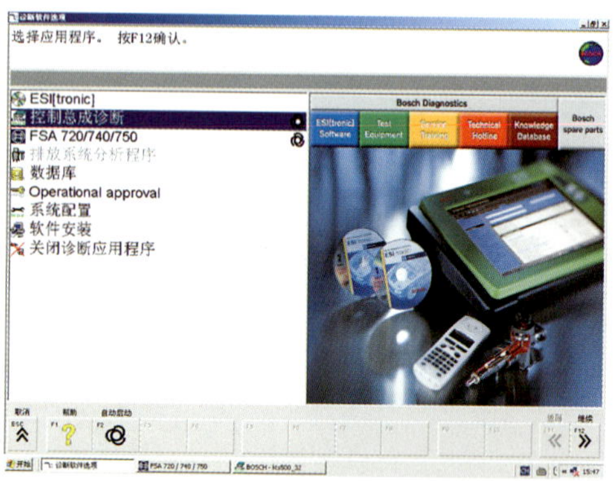

（8）断开点火开关。

2．数据流检验单(见打印件)

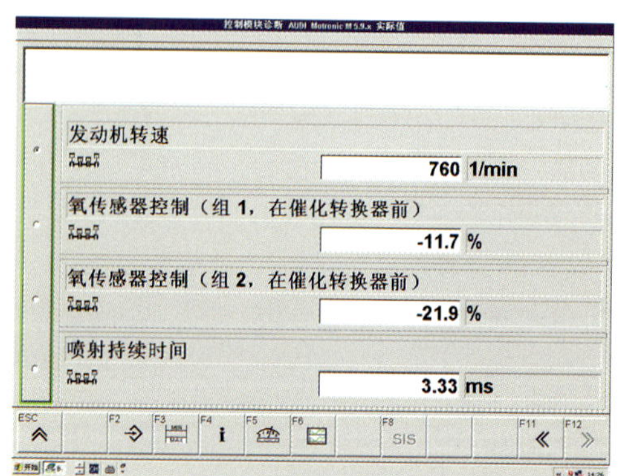

3．教师评语

数据流检验单显示发动机转速在 600～760 r/min 之间波动，说明判断怠速抖动故障症状正确；两个氧传感器显示为 −11.7%和 −21.9%，说明发动机内氧气在减稀；喷油持续时间显示为 3.33 ms，说明发动机喷油脉宽较宽。通过以上两数据流分析，怠速动力不足,要维持怠速的目标转速，混合气一直偏浓，氧传感器检测到混合气偏浓，再根据发动机怠速抖动的症状，可以判定某个汽缸点火有问题。下一步进行尾气分析。

（四）尾气分析

1．进入博世仪器的示波窗口

（1）单击“FSA720/740/750”菜单。

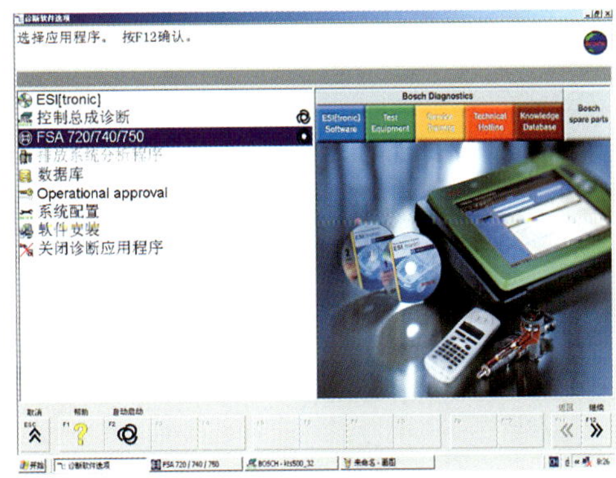

（2）显示“FSA720/740/750”窗口。

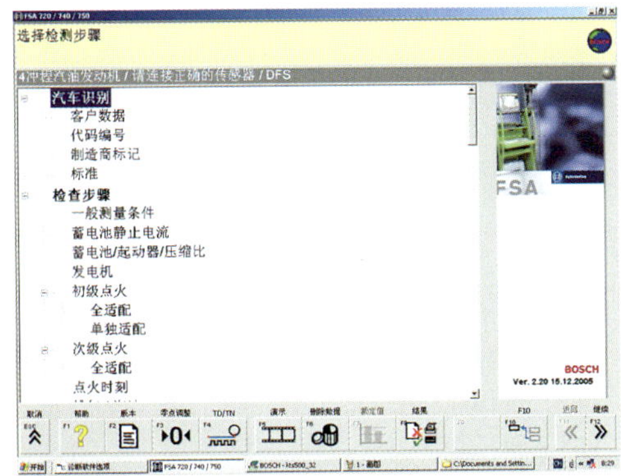

2．进行测量操作

（1）选择“FSA720/740/750”窗口中的“排气/汽油”，单击“F12”。

（2）进入“FSA720/740/750-排气/汽油”系统窗口，出现“⚠”窗口。

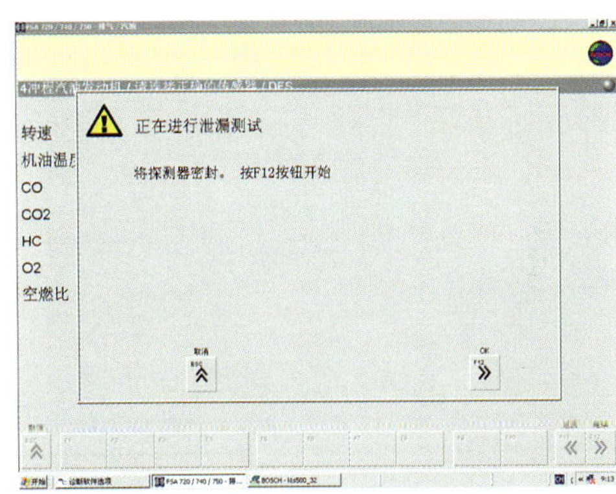

（3）根据窗口内容，将尾气的探测器测量头用专用塞堵住，然后单击“F12”。

（4）进入“FSA720/740/750-排气/汽油”系统窗口，窗口显示泄漏测试倒计时。

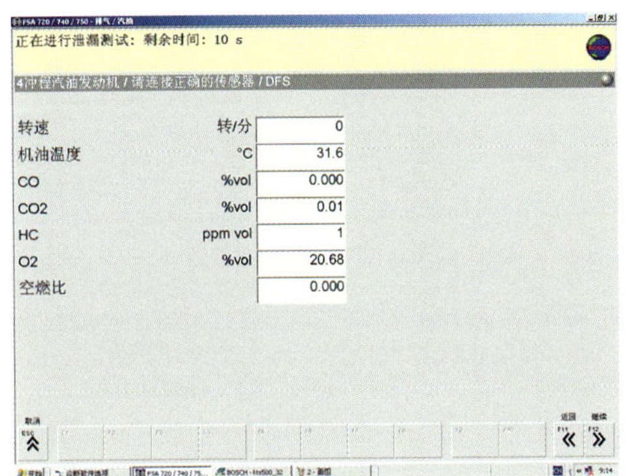

（5）出现“⚠”窗口，根据窗口内容，将探测器测量头的专用塞去除，然后单击“F12”。

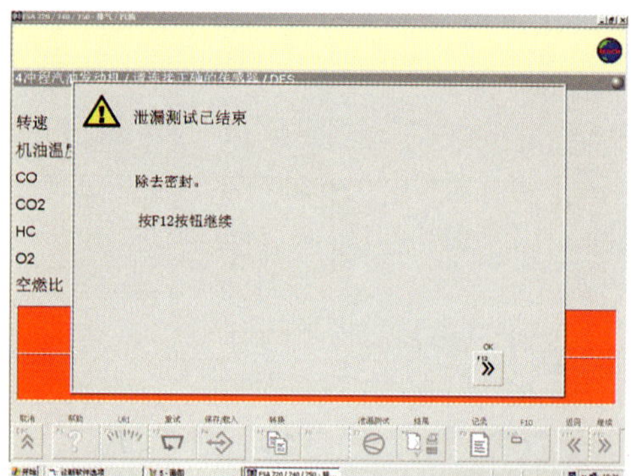

（6）在“FSA720/740/750-排气/汽油”系统窗口中显示“零点调整”倒计时。

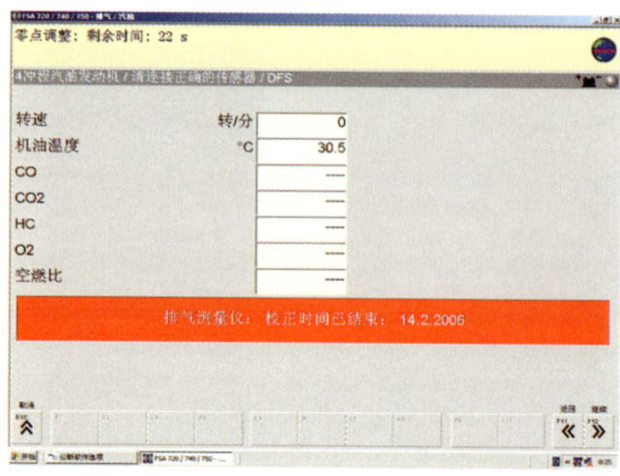

（7）在“FSA720/740/750-排气/汽油”系统窗口显示对HC残留物测试结果。

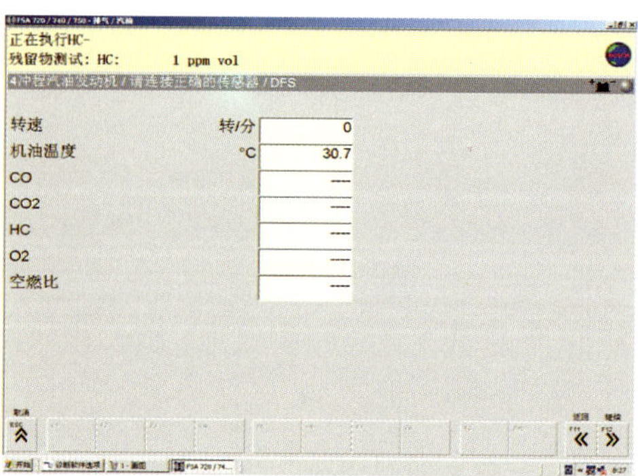

（8）在“FSA720/740/750-排气/汽油”系统窗口中单击“F1”，进入帮助系统。

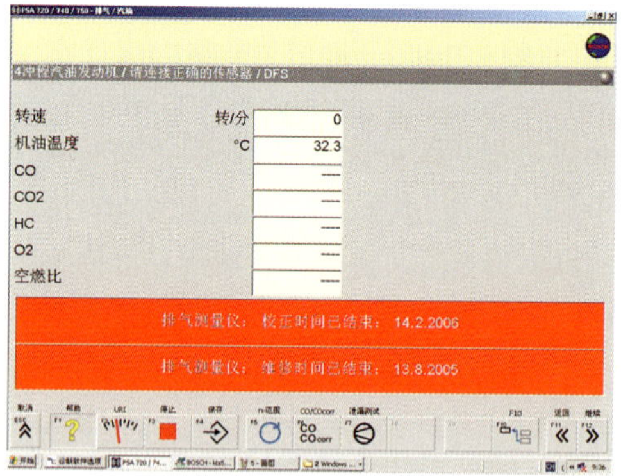

（9）在“在线帮助FSA720/740/750”窗口中选择“标准信息和连接说明”。

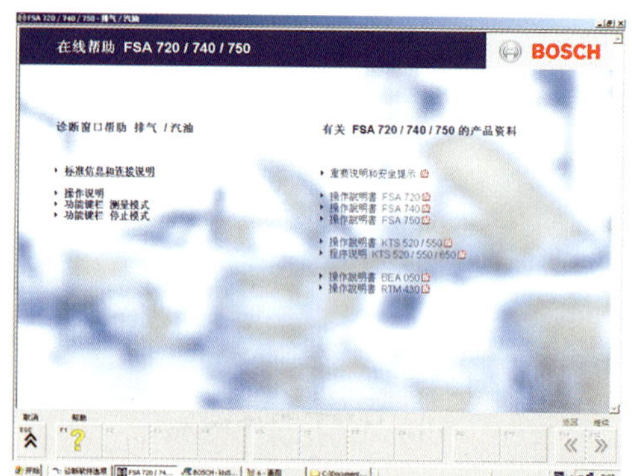

（10）系统进入“FSA720/740/750-排气/汽油”窗口。

（11）退出帮助窗口，系统进入“FSA720/740/750-排气/汽油”测量的窗口。

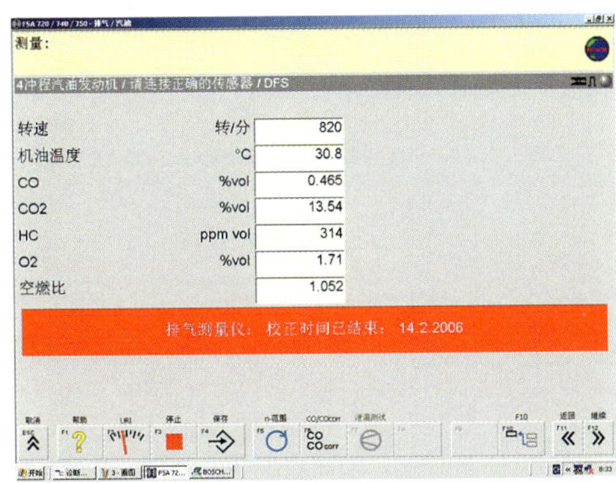

（12）根据窗口显示的内容，将测量模块上的感应式钳式脉冲信号检测器夹在通向1缸的点火电缆上。

（13）拔出机油尺，调节机油温度测量头的深度，将测量模块上的机油温度测量头放入机油尺座孔中。

（14）启动发动机，将发动机在中速运转几分钟后，降至怠速。

（15）将尾气探测器测量头放入左侧排气尾管中。

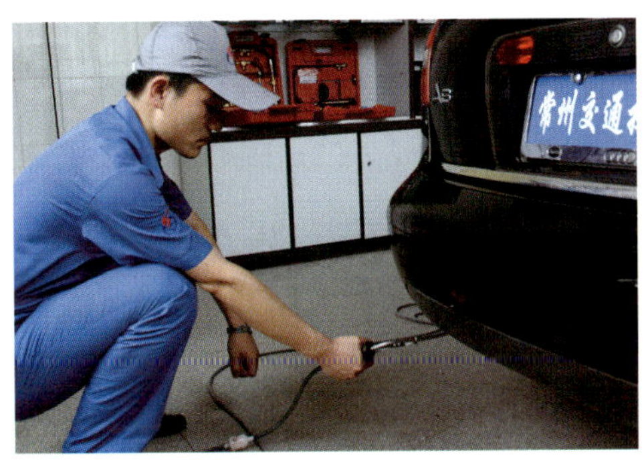

（16）等待一段时间，观察窗口数值。

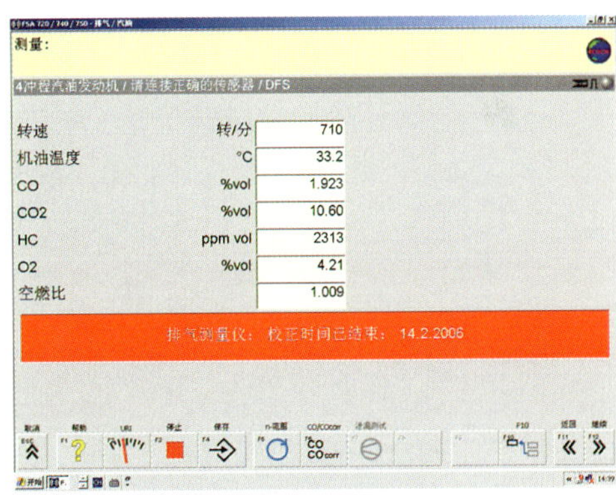

（17）当数值较稳定时，单击“F3”。窗口显示测量已结束，并记录或打印。

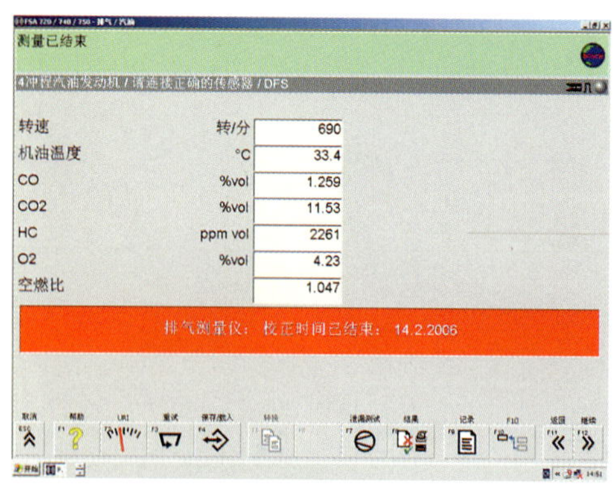

（18）从左侧排气尾管中将尾气探测器测量头拔出。

（19）单击“F3”，系统进入测量窗口。

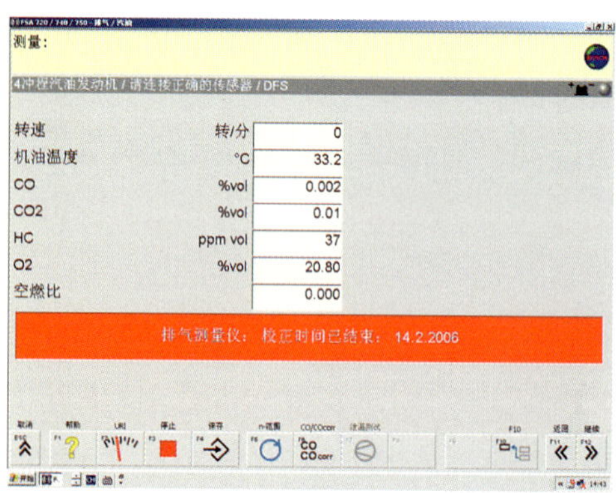

（20）将尾气探测器测量头放入右侧排气尾管中。

（21）等待一段时间，观察窗口数值。

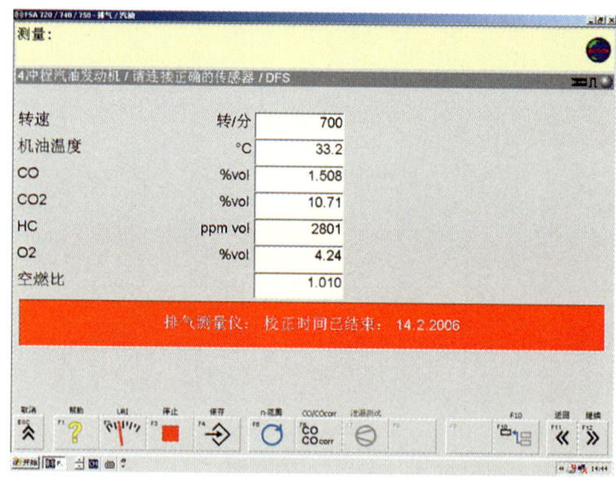

（22）当数值较稳定时，单击“F3”，窗口显示测量已结束，并记录或打印结果。

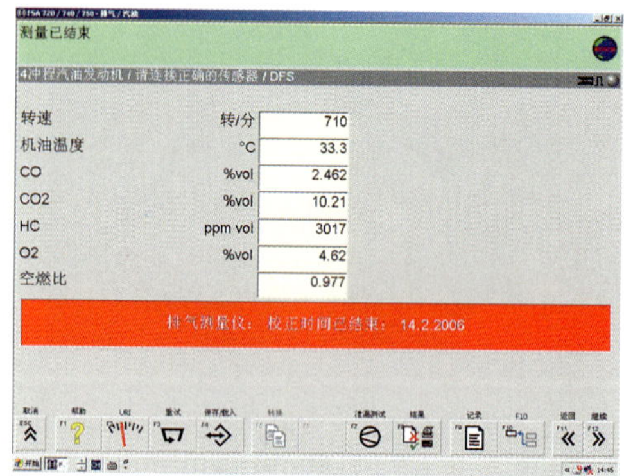

（23）将发动机熄火。

（24）将尾气探测器测量头从排气尾管中取出，置于规定的位置。

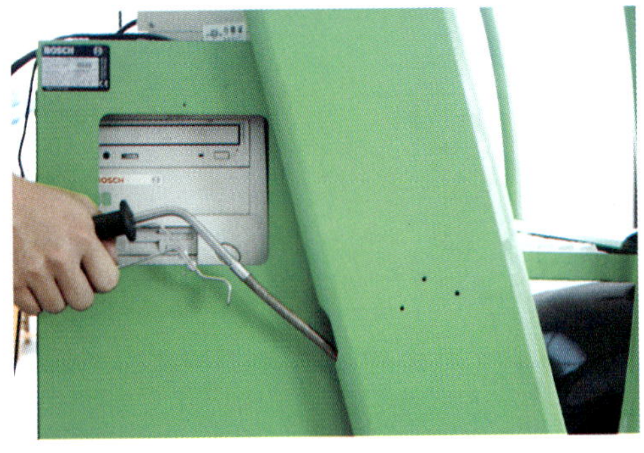

3. 尾气检验单（见打印件）

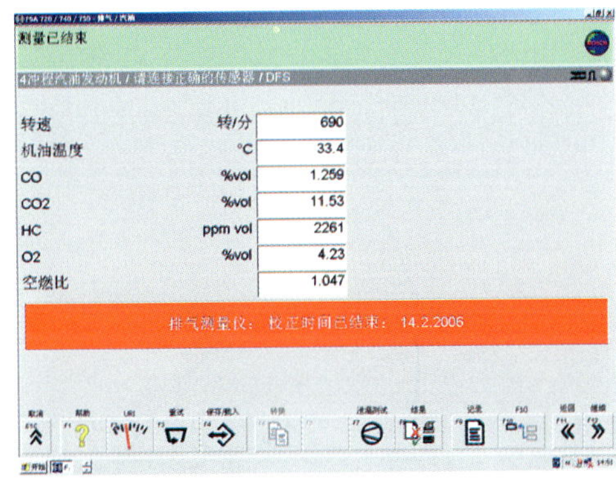

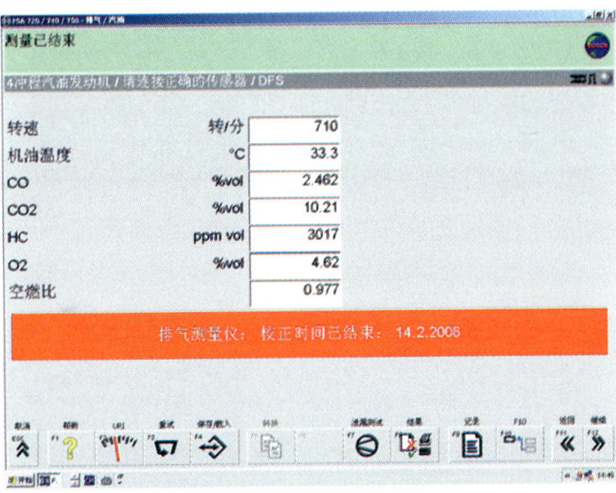

4. 教师评语

尾气检验单显示，左侧排气管 CO 体积分数为 1.259%，HC 体积分数为 2.261×10^{-3}（仪器显示为 2261 ppm）；右侧排气管 CO 体积分数为 2.462%，HC 体积分数为 3.017×10^{-3}（仪器显示为 3017 ppm）。这说明尾气中 HC 浓度明显超标，点火系统有故障且主要在右侧汽缸，下一步进行点火次级波形分析。

（五）点火次级波形分析

1. 测量操作

（1）确定点火开关在断开状态。

（2）在“FSA720/740/750”窗口中选择“点火示波器次级”，单击“F12”。

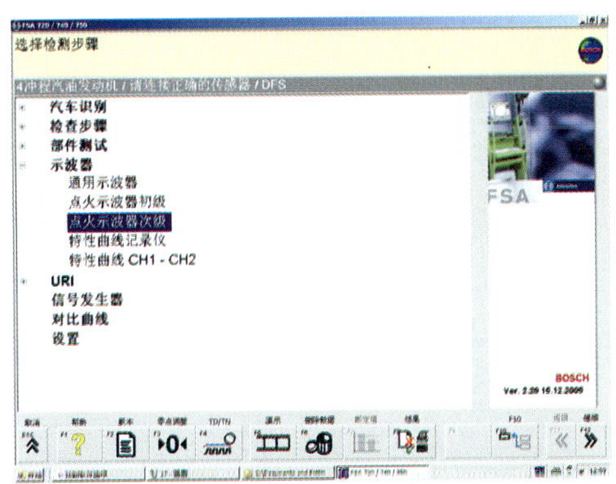

（3）系统进入“FSA720/740/750-点火示波器次级”窗口，单击“F1”。

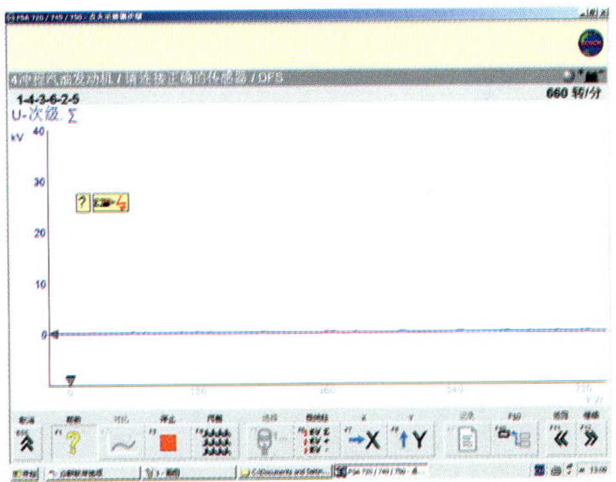

（4）系统进入“FSA720/740/750-点火示波器次级”窗口的“在线帮助 720/740/750”，单击“标准信息和连接说明”。

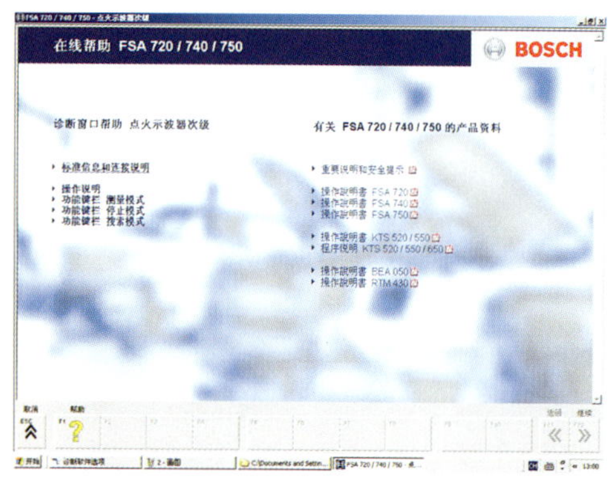

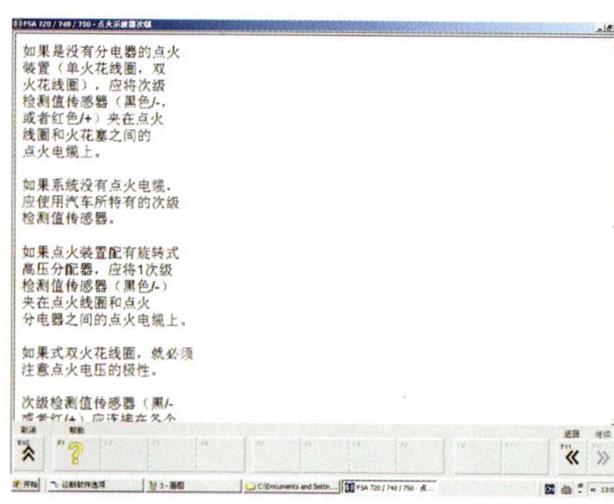

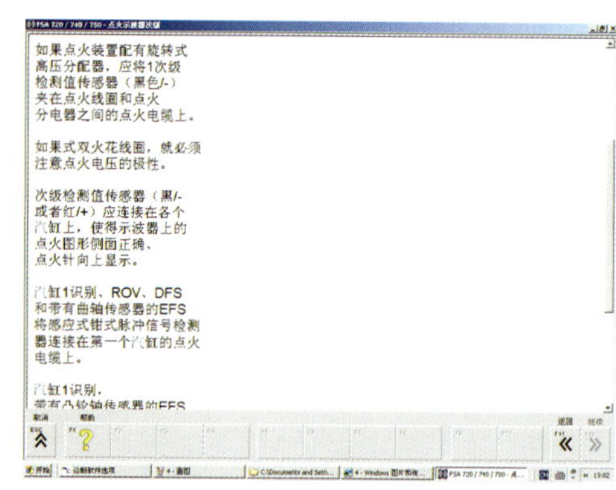

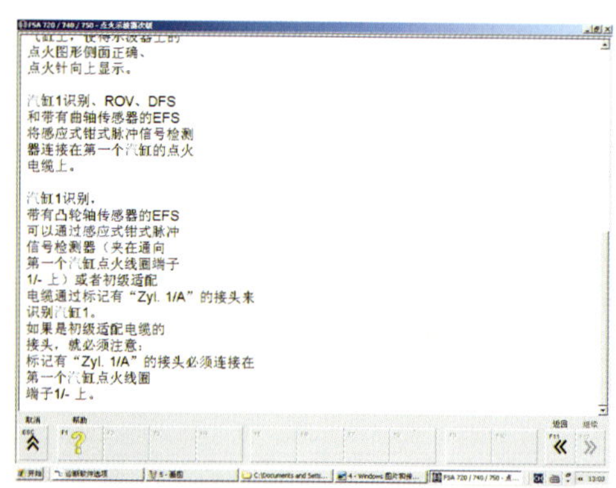

（5）根据窗口显示的内容，将测量模块上的感应式钳式脉冲信号检测器夹在通向1缸的点火电缆上。

（6）将测量模块上的1687224849红色适配电缆夹在通向1、2、3缸的点火电缆上，将1687224848红色适配电缆夹在通向4、5、6缸的点火电缆上（将适配器的挂钩钩在发动机盖上）。

（7）将示波器蓄电池的正（红）、负（黑）电缆与车辆蓄电池的正、负极连接。

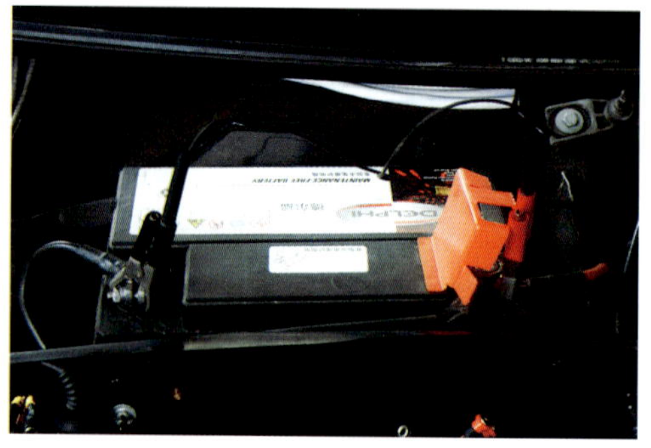

（8）退出“在线帮助720/740/750”，进入“FSA720/740/750-点火示波器次级”窗口。

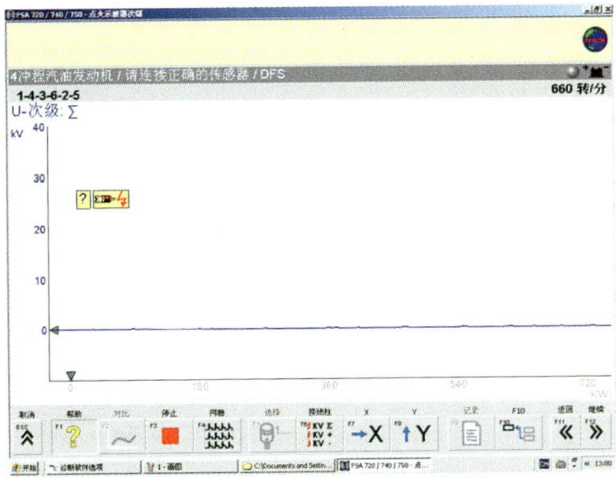

（9）启动发动机，怠速运转。

（10）在“FSA720/740/750- 点火示波器次级”窗口，显示“U- 次级”各缸平列波。

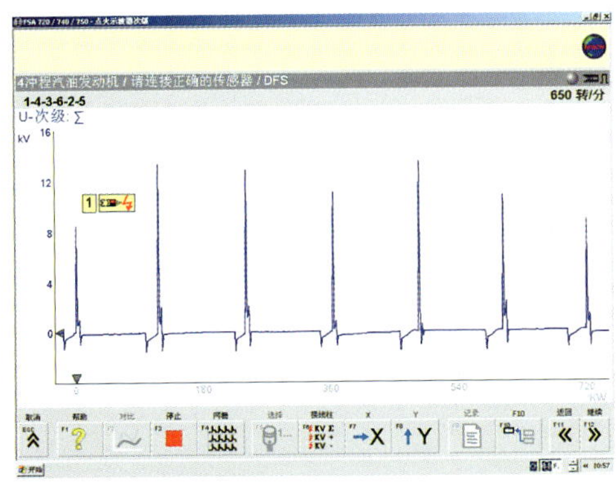

（11）单击“F4”，选择各缸并列波。

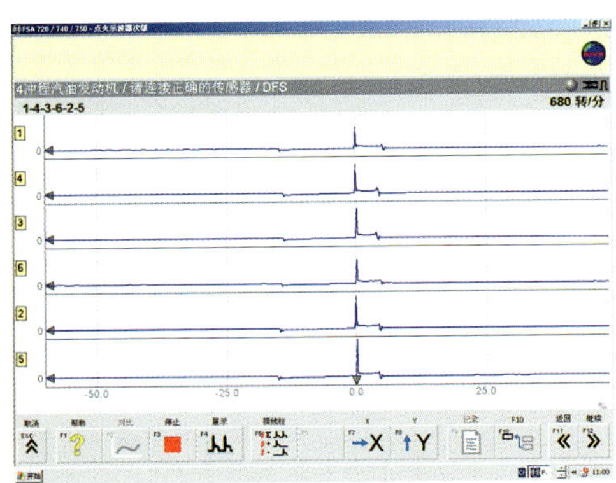

（12）单击“F5”，选择队列显示中的各个汽缸。汽缸编号显示在点火信号旁边。

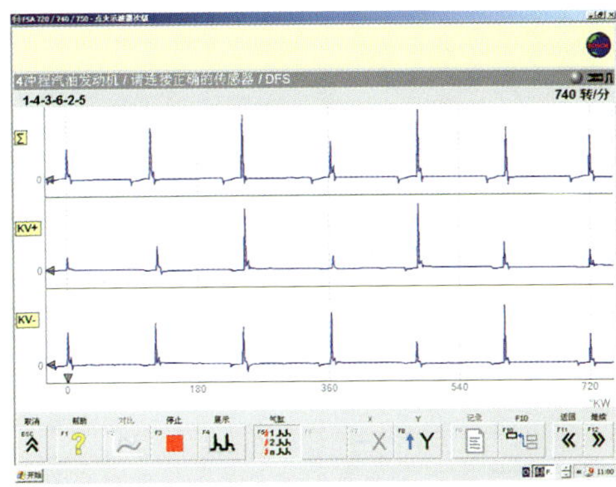

（13）单击“F8”，可进行 Y 轴范围（电压值）的调整。

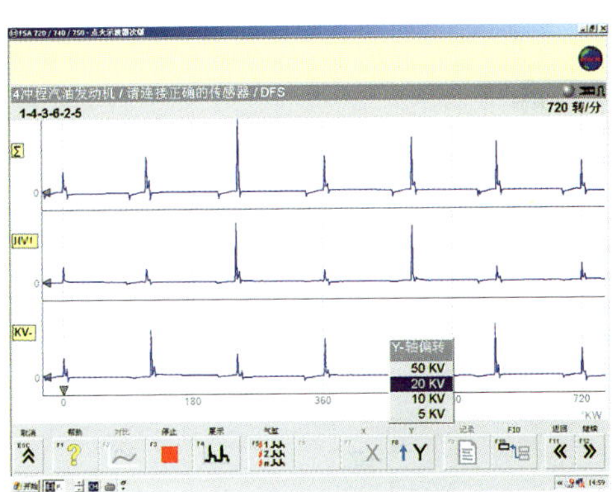

（14）单击“F3”，显示测量停止。

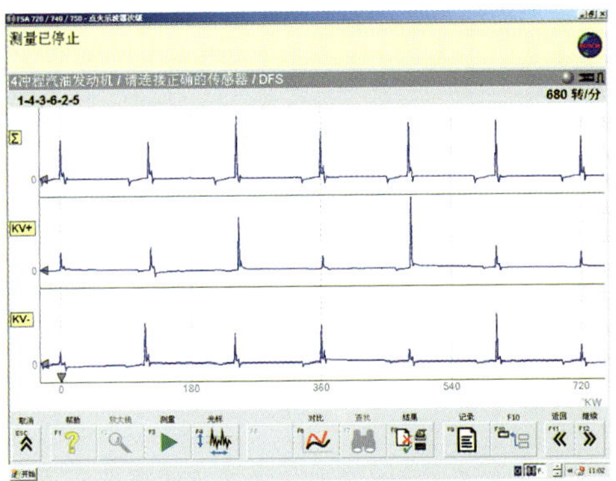

（15）关闭点火开关，发动机熄火。

（16）在“FSA720/740/750-点火示波器次级测量停止”窗口，单击“F4”，出现可移动的光标，在光标上显示数值。单击“F4”，将波形图打印出来。

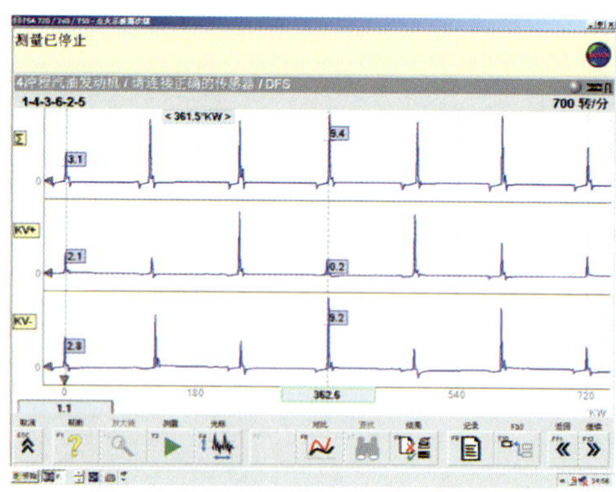

2．点火次级电压波形检验单（见打印件）

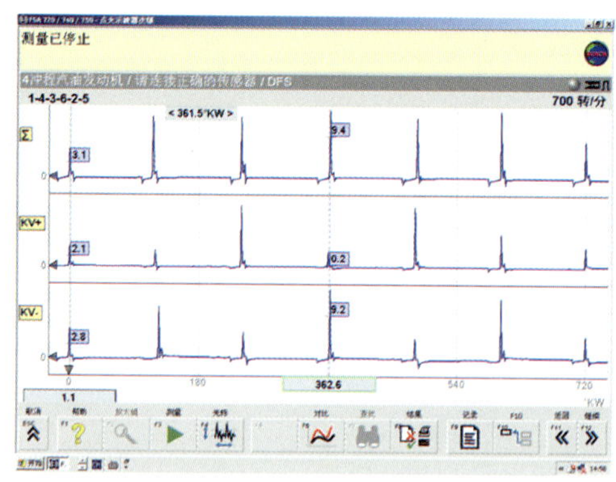

3．教师评语

波形分析检验单显示第1缸次级点火峰值电压比较低，说明第1缸高压电路有故障，可能是点火高压线短路、火花塞间隙小、火花塞受污损或破裂的原因。下一步检查第1缸火花塞型号和间隙。

（六）故障排除

拆检发现第1缸火花塞间隙过小，调整间隙至规定要求。

（七）试车、复检

发动机工作正常，无故障码。

四、结束工作

参照课题一中相同步骤。

课题四　发动机油路故障

一、车辆的准备

参照课题一中相同步骤。

二、仪器的准备

参照课题一中相同步骤。

三、发动机油路故障诊断

下面以燃油压力过低为例介绍发动机油路故障诊断过程。

（一）发动机症状

发动机怠速运转正常，急加速不良，动力不足。

（二）故障码分析

1．仪器与车辆的连接

参照课题一中相同步骤。

2．仪器的操作

参照课题二中相同步骤。

3．故障码检验单

参照课题二中“故障码检验单”。

4．教师评语

故障码检验单结果为无故障码，说明发动机自诊断系统未检测到发动机电器故障，但发动机有故障存在，则下面进行数据流分析。

（三）数据流分析

1．仪器的操作

（1）启动发动机，怠速运转。

（2）在“控制模块诊断 AUDI Motronic M5.9.x 功能选择”窗口中选择“实际值”，单击“F12”。

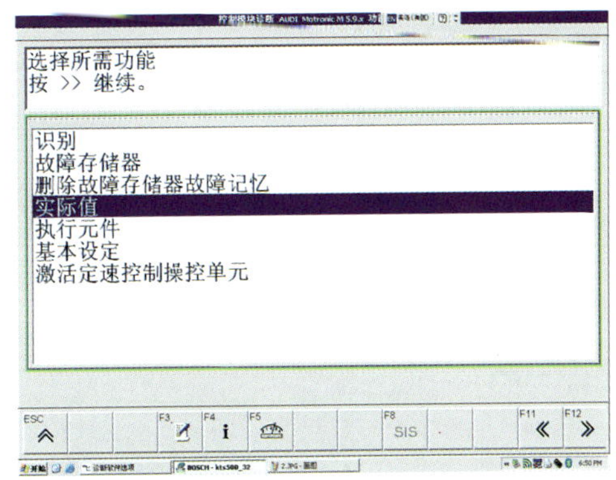

（3）系统进入“控制模块诊断 AUDI Motronic M5.9.x 实际值”窗口，选择“加法混合气校正”、“氧传感器控制（组 1，在催化转换器前）”、“氧传感器控制（组 2，在催化转换器前）”和“喷射持续时间”。

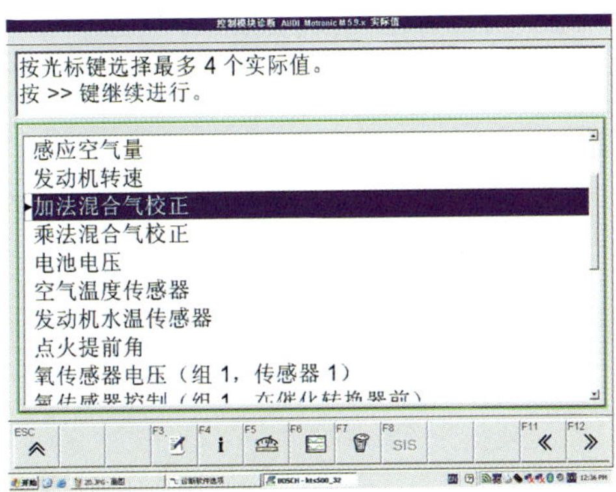

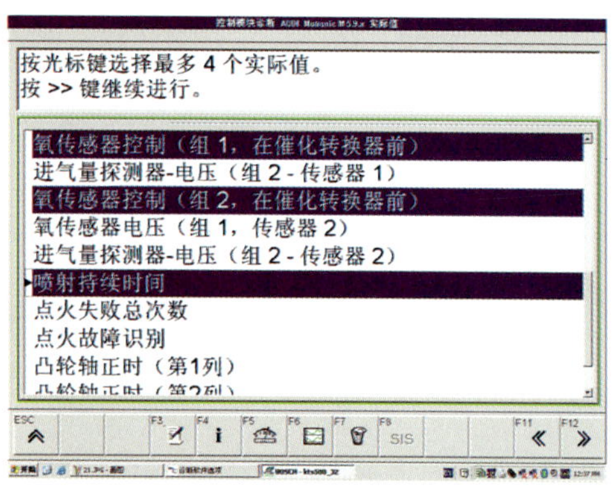

（4）单击“F12”，显示各参数实际值。

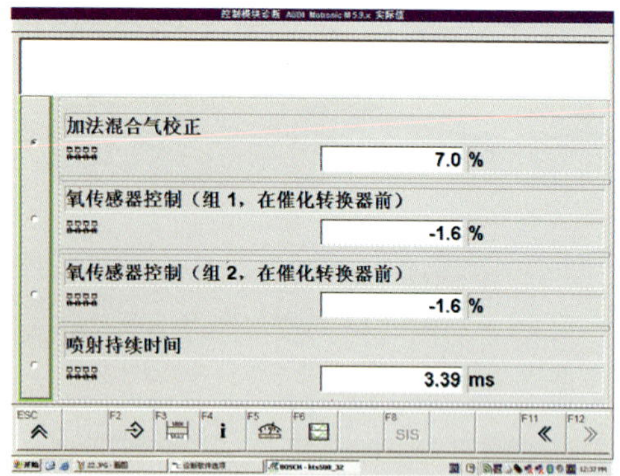

（5）单击“F11”，退出系统。

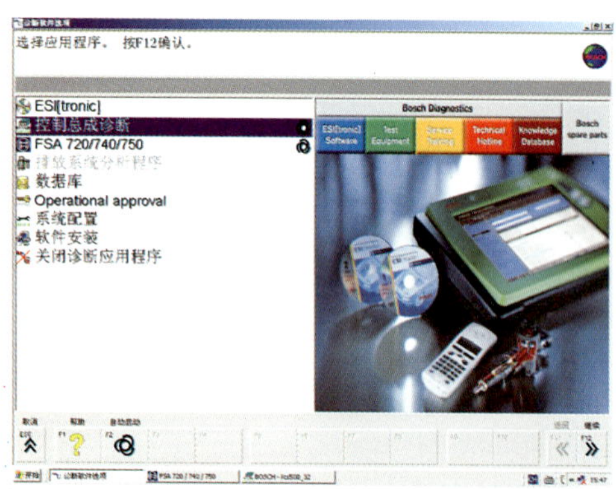

（6）断开点火开关。

2．数据流检验单（见打印件）

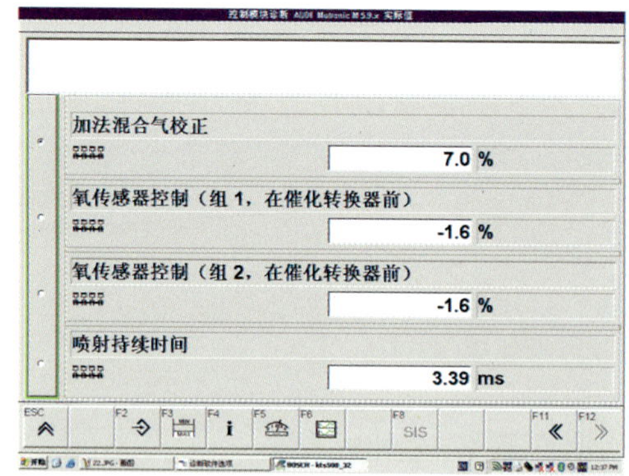

3．教师评语

数据流检验单显示发动机加法混合气校正（长期燃油修正）为 7.0%，说明发动机在怠速工况下混合气偏稀；喷油持续时间显示 3.39 ms，说明发动机喷油脉宽较宽。通过以上两个数据流分析可知，发动机要维持怠速的目标转速，在发动机混合气一直偏稀的情况下，发动机喷油脉宽变宽。又根据怠速运转正常，可排除漏气，因漏气怠速将升高。急加速不良，动力不足，基本说明燃油系统有问题。下一步进行尾气分析。

（四）尾气分析

1．仪器操作

（1）启动发动机，怠速运转。

（2）选择“FSA720/740/750”，单击“F12”。

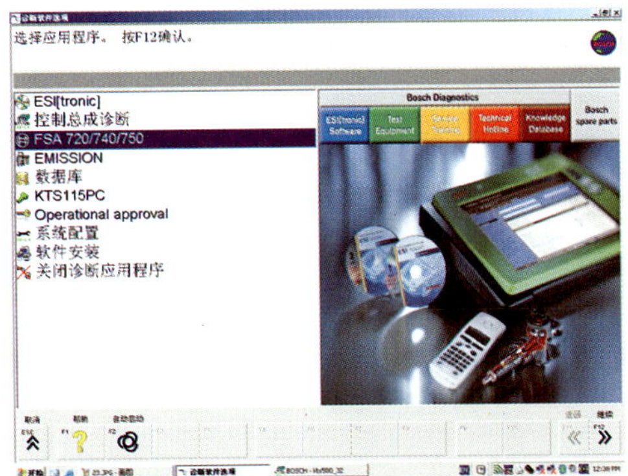

（3）选择“检查步骤”，单击“F12”。

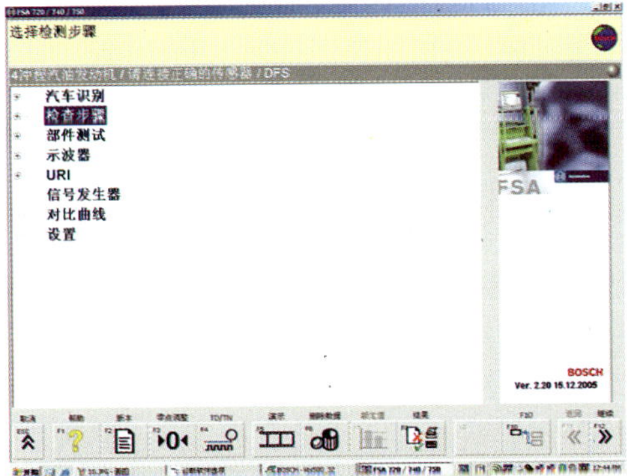

（4）选择“排气/汽油”，单击“F12”。

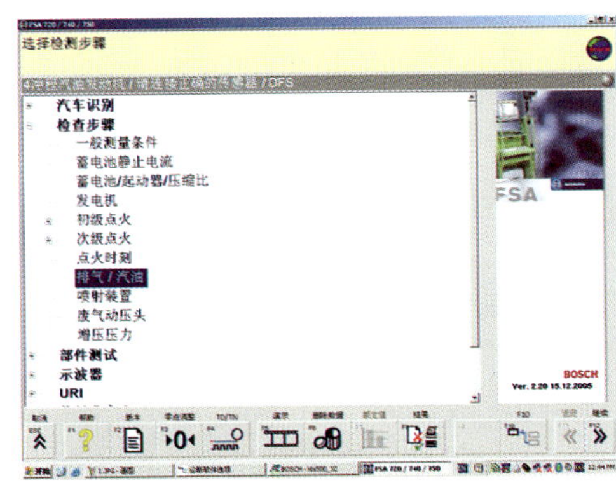

（5）系统显示将进行泄漏测试。

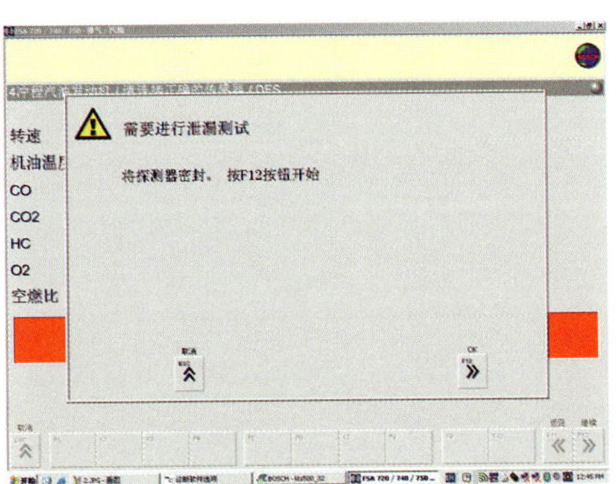

（6）将探测器密封。

（7）单击“F12”开始。

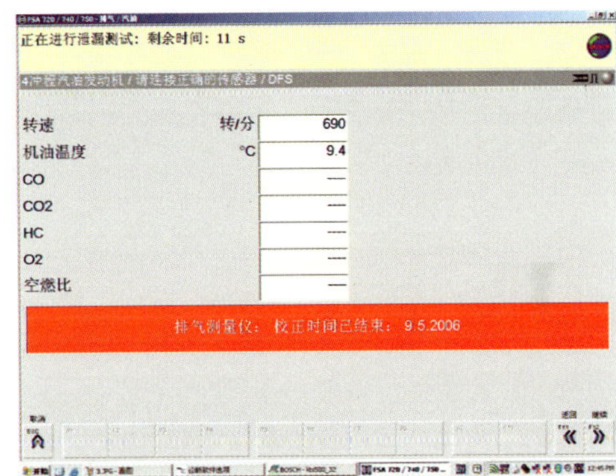

（8）系统显示泄漏测试结束，除去密封，单击“F12”。

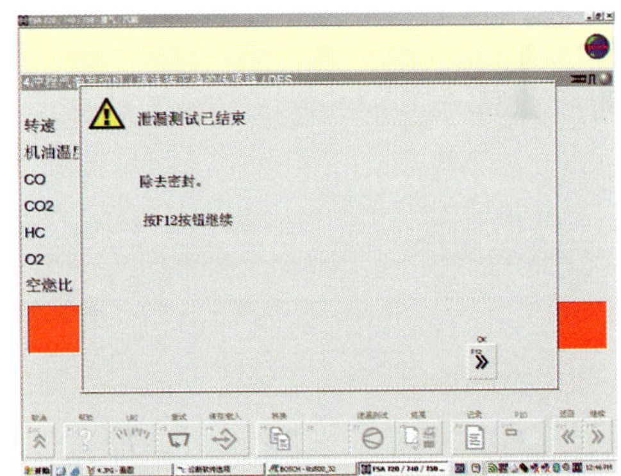

(9) 系统进入零点调整。

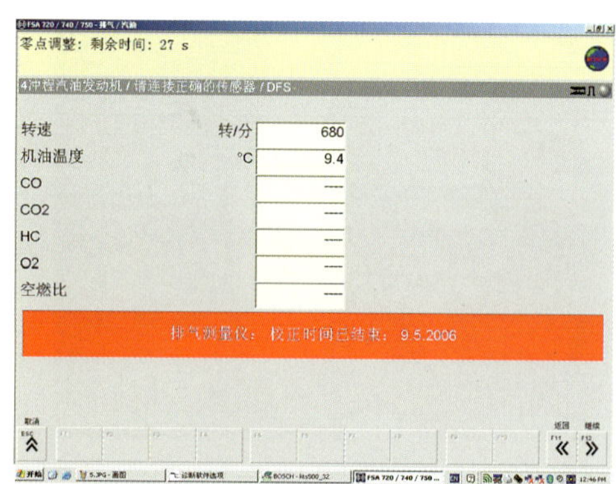

(10) 系统进入 HC 残留物测试。

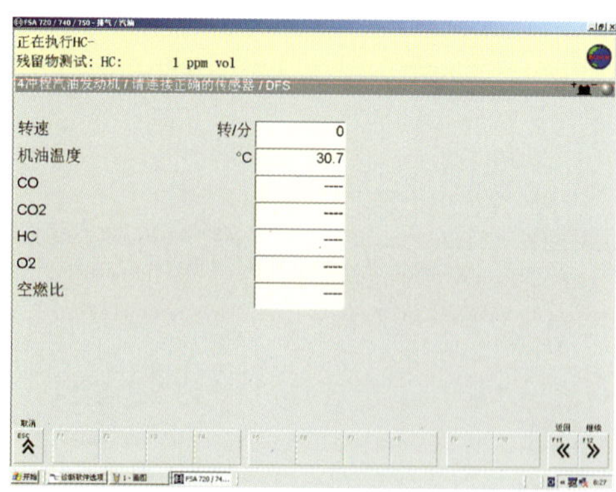

(11) 系统进入“FSA720/740/750-排气 / 汽油”测量窗口。

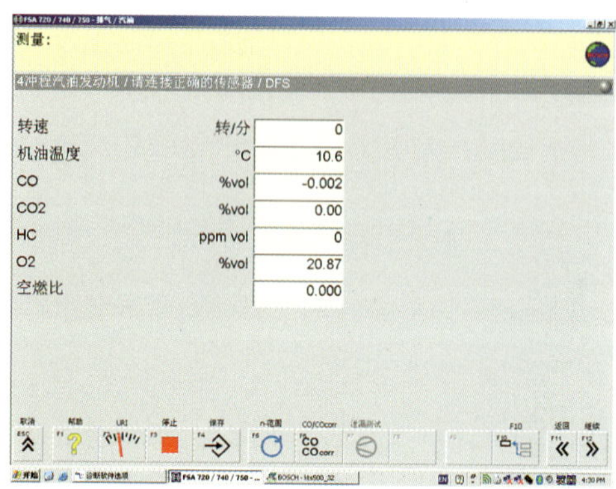

(12) 将尾气探测器测量头放入排气尾管中。

(13) 当数值较稳定时，单击“F3”。窗口显示测量已结束，打印结果。

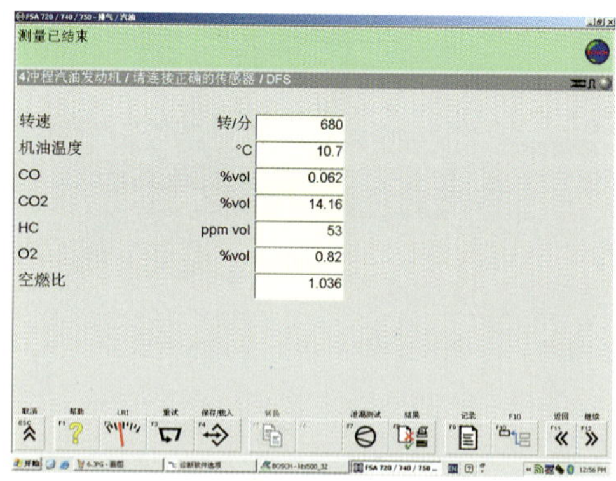

(14) 将尾气探测器测量头从排气尾管中取出，置于规定的位置。

(15) 将发动机熄火。

2. 尾气检测单(见打印件)

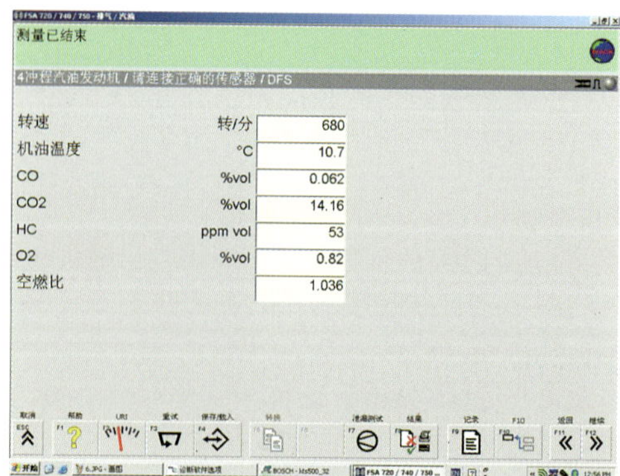

3．教师评语

尾气检验单显示排气管 CO 体积分数为 0.062%，HC 体积分数为 53×10^{-6}（仪器显示为 53 ppm），说明 CO 浓度明显过低，主要是由燃油压力过低引起，下一步进行燃油压力检测。

（五）燃油压力检测

1．仪器操作

（1）在“FSA720/740/750”中选择“部件测试”，在“部件测试”中选择“燃油供应系统”，在“燃油供应系统”中选择“燃油压力调节器”。

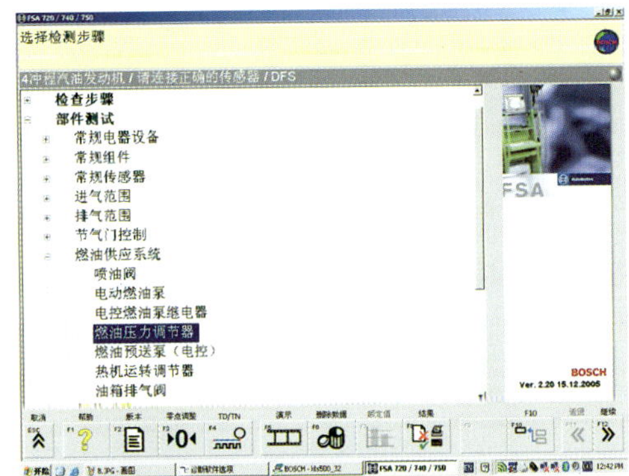

（2）单击“F3”，选择“空气压力”。

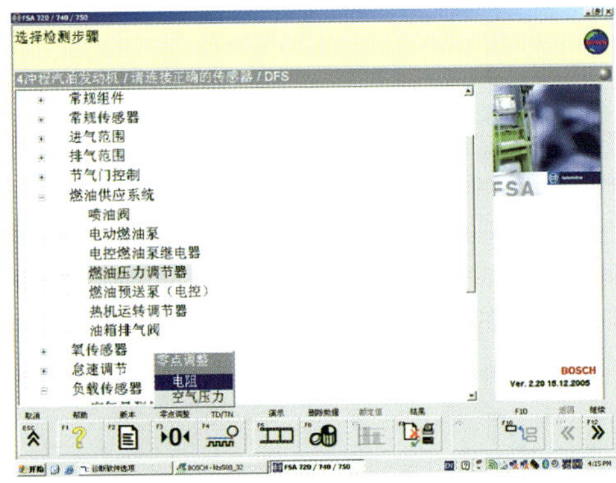

（3）系统进入调零，单击“F3”。

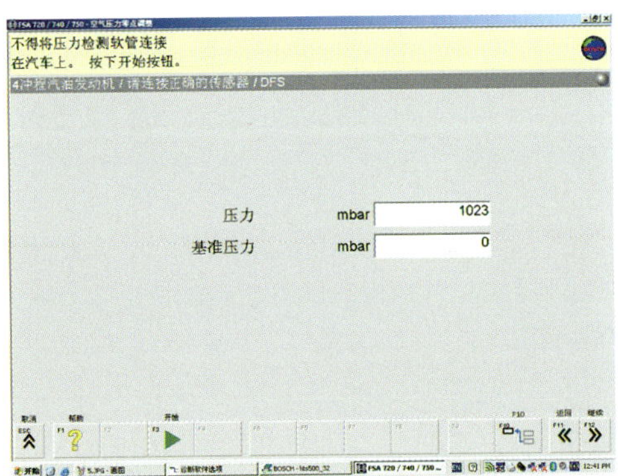

（4）系统调零结束，单击“F12”。

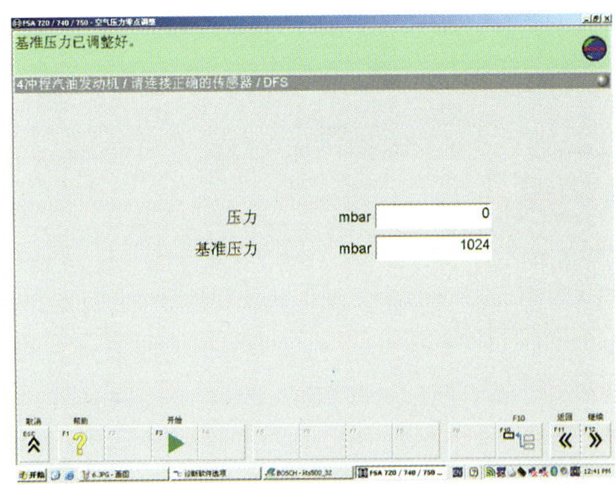

（5）系统回到“燃油压力调节器”，单击“F12”。

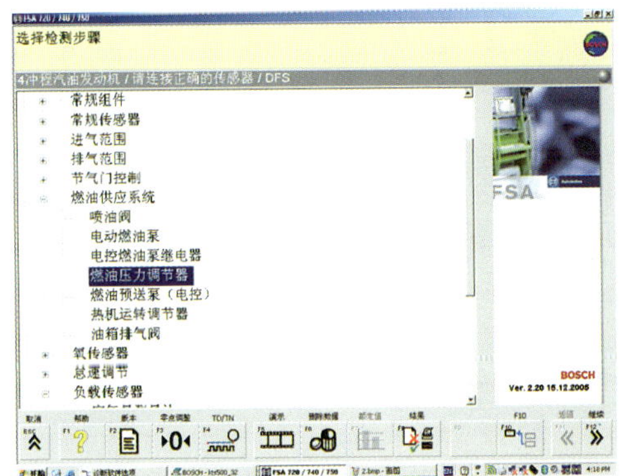

（6）系统进入测量窗口。

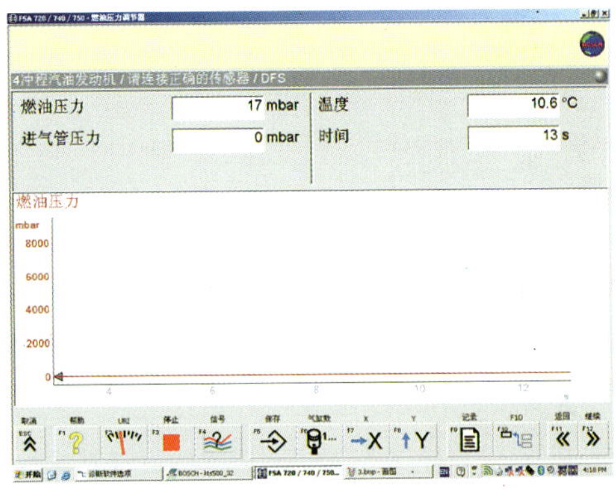

（7）将仪器压力传感器与被测车辆连接，启动发动机，怠速运转。

（8）系统显示被测车辆燃油压力值，记录在燃油压力检验单中。

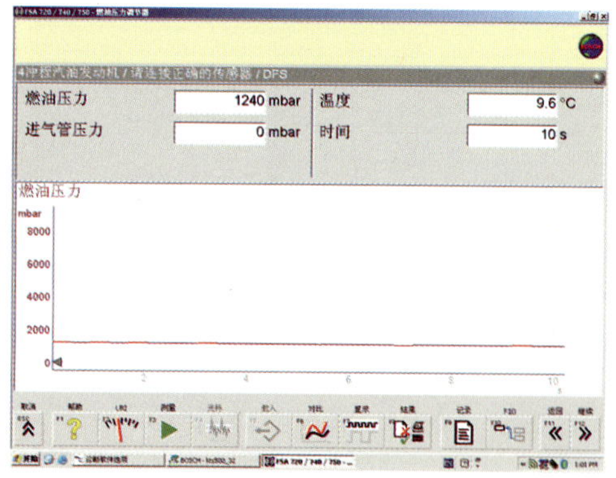

（9）将发动机熄火。

2．教师评语

该车经过燃油压力检测显示怠速工作燃油压力为 1 240 mbar（1.24× 10^5 Pa），正常燃油压力为 2 500 mbar（2.5× 10^5 Pa），显然该车故障是燃油系统压力过低，应对燃油系统进行检查排故。

（六）故障排除

在燃油系统中找出引起燃油压力低的故障点为燃油泵故障，更换燃油泵，排除故障。

（七）试车、复检

发动机工作正常，无故障码。

四、结束工作

参照课题一中相同步骤。

课题五　发动机进气系统故障

一、车辆的准备

参照课题一中相同步骤。

二、仪器的准备

参照课题一中相同步骤。

三、发动机进气系统故障诊断

下面以进气管漏气为例介绍发动机进气系统故障诊断过程。

(一) 发动机症状

发动机怠速运转偏高，急加速不良，动力不足。

(二) 故障码分析

1. 仪器与车辆的连接

参照课题一中相同步骤。

2. 仪器的操作

参照课题二中相同步骤。

3. **故障码检验单**

参照课题二中“故障码检验单”。

4. **教师评语**

故障码检验单结果为无故障码，说明发动机自诊断系统未检测到发动机电器故障，但发动机有故障存在，则下面进行数据流分析。

(三) 数据流分析

1. 仪器的操作

(1) 启动发动机，怠速运转。

(2) 在“控制模块诊断 AUDI Motronic M5.9.x 功能选择”窗口中选择“实际值”，单击“F12”。

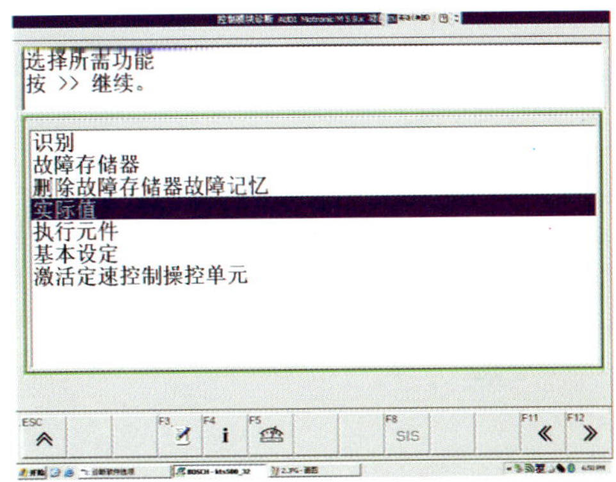

(3) 系统进入“控制模块诊断 AUDI Motronic M5.9.x 实际值”窗口，选择“加法混合气校正”、“氧传感器控制（组 1，在催化转换器前）”、“氧传感器控制（组 2，在催化转换器前）”和“喷射持续时间”。

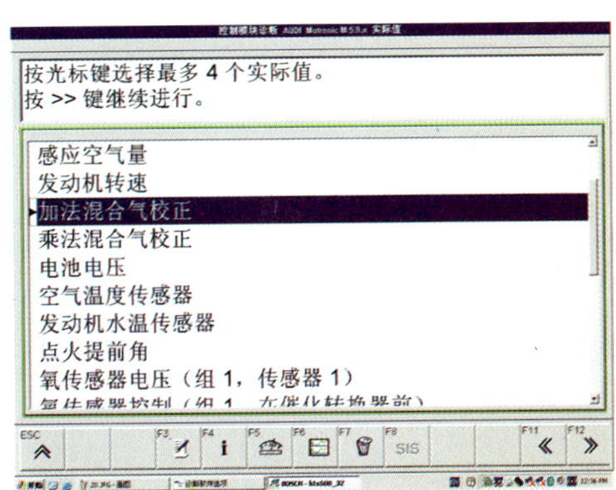

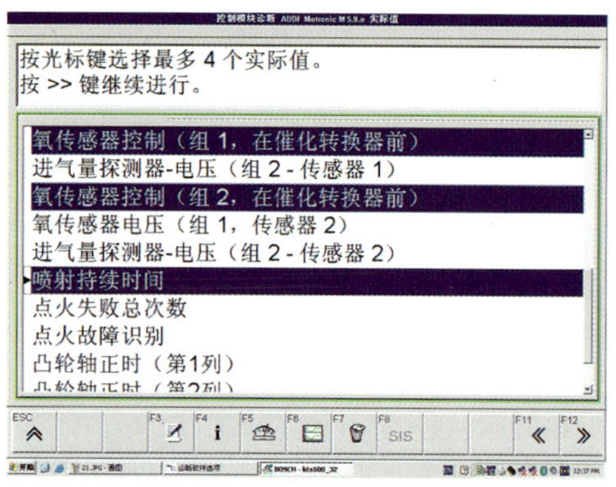

（4）单击“F12”，显示各参数实际值。

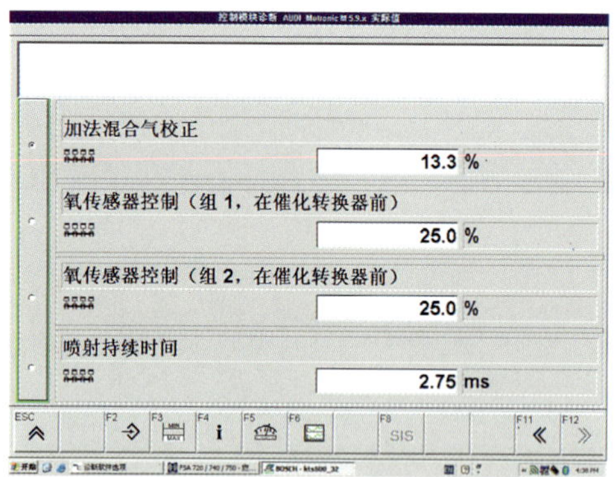

（5）系统进入“控制模块诊断 AUDI Motronic M5.9.x 实际值”窗口，选择“发动机转速”。

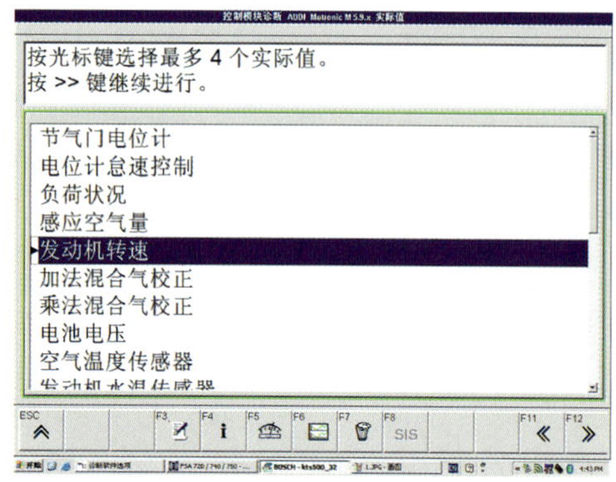

（6）单击“F12”，显示实际值。

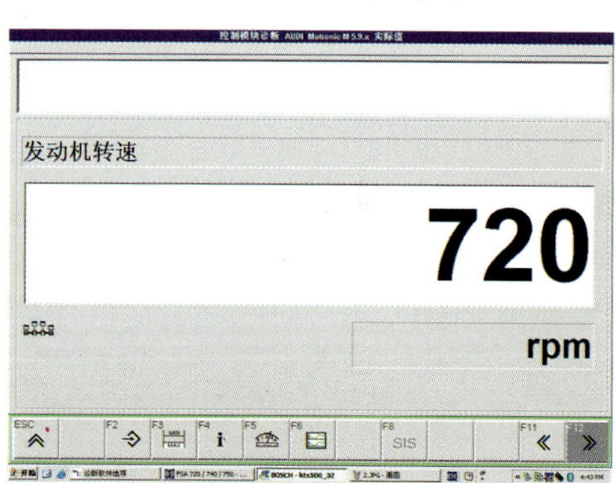

（7）单击“F6”，系统进入发动机转速数据流波形。

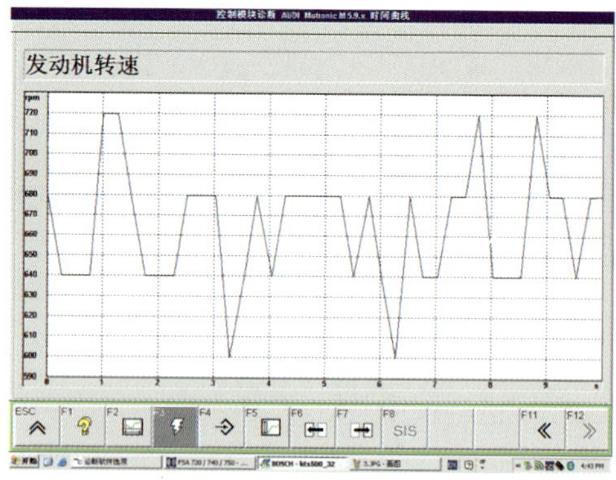

（8）单击“F11”，退出系统。

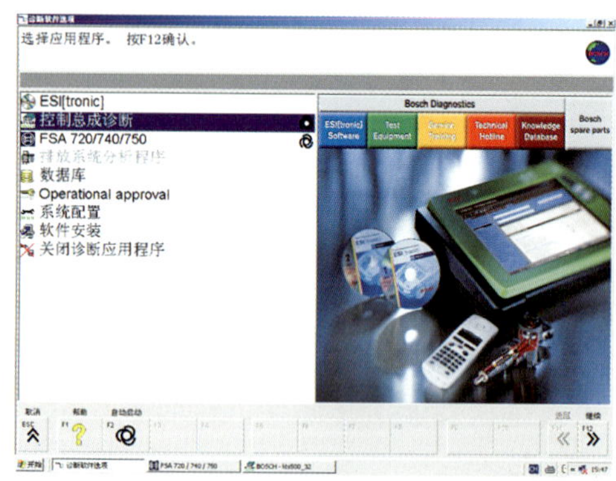

（9）断开点火开关。

2．数据流检验单（见打印件）

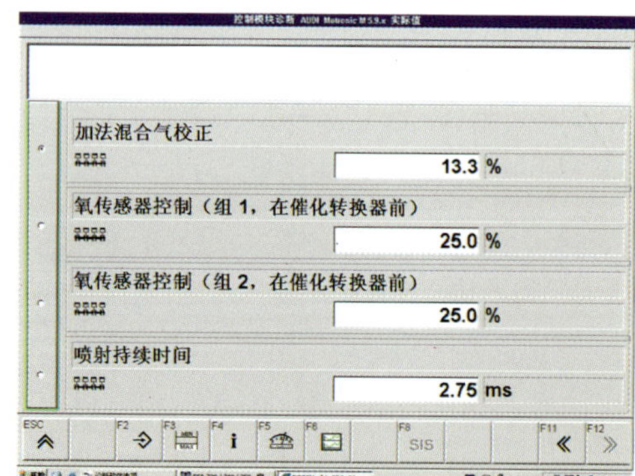

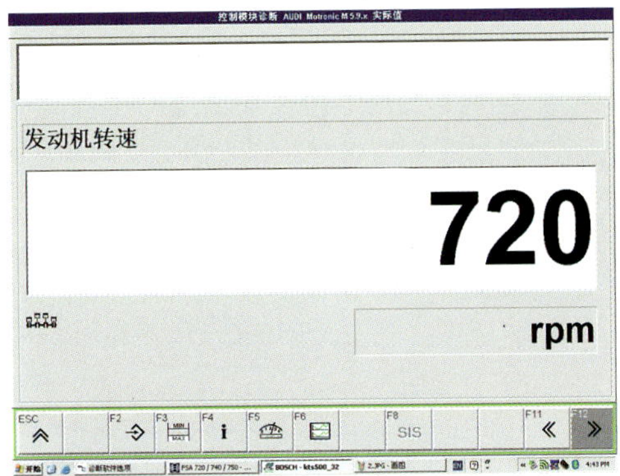

3．教师评语

数据流检验单显示：发动机转速为720 r / m，比正常发动机转速650 r / m高；喷油持续时间为2.75 ms，说明发动机喷油脉宽稍宽；两个氧传感器为25%和25%，说明发动机在怠速工况下混合气过稀；发动机加法混合气校正为（长期燃油修正）13.3%，说明发动机在怠速工况下混合气过稀。通过以上数据流分析，发动机要维持怠速的目标转速，混合气加浓到发动机转速达到一定值后，不再增加喷油量；又根据发动机怠速运转偏高，急加速不良，动力不足的症状，判定故障有可能是进气系统漏气。下面进行尾气分析。

（四）尾气分析

1．仪器操作

（1）启动发动机，怠速运转。

（2）选择“FSA720/740/750”，单击“F12”。

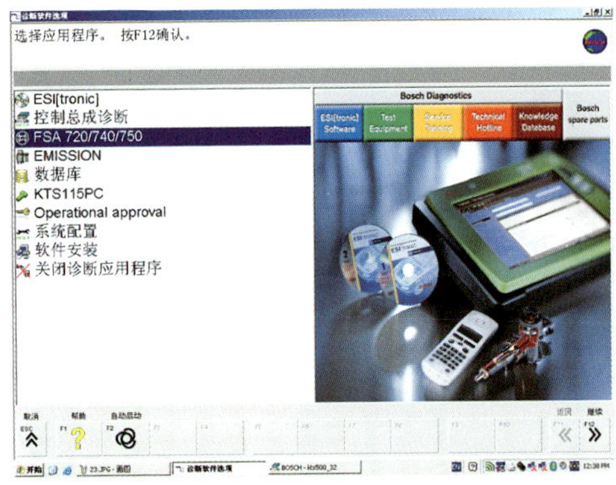

（3）选择“检查步骤”，单击“F12”。

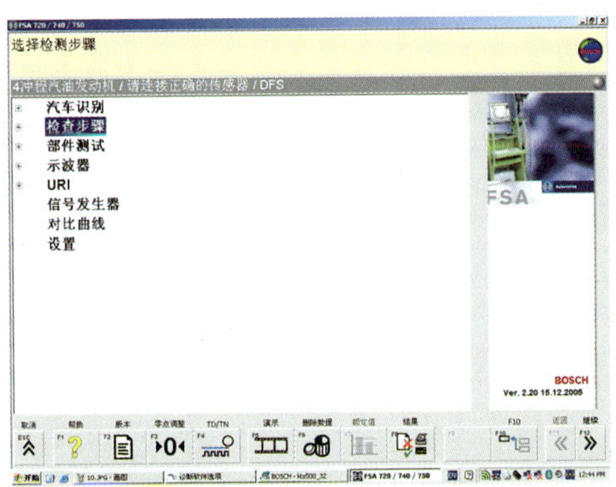

（4）选择“排气 / 汽油”，单击“F12”。

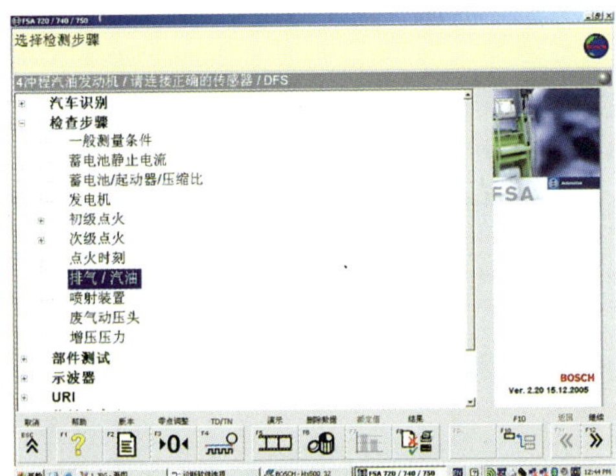

（5）系统显示将进行泄漏测试。

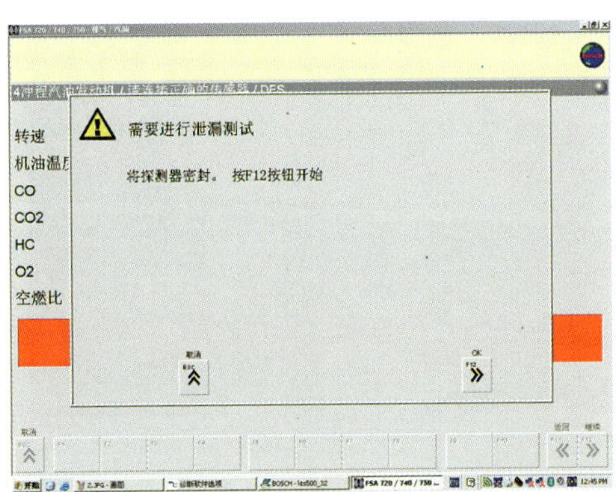

（6）将探测器密封。

（7）单击“F12”开始。

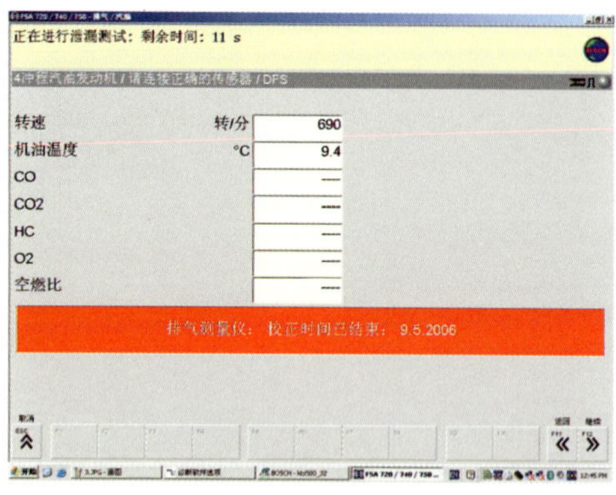

（8）系统显示泄漏测试已结束，除去密封，单击“F12”。

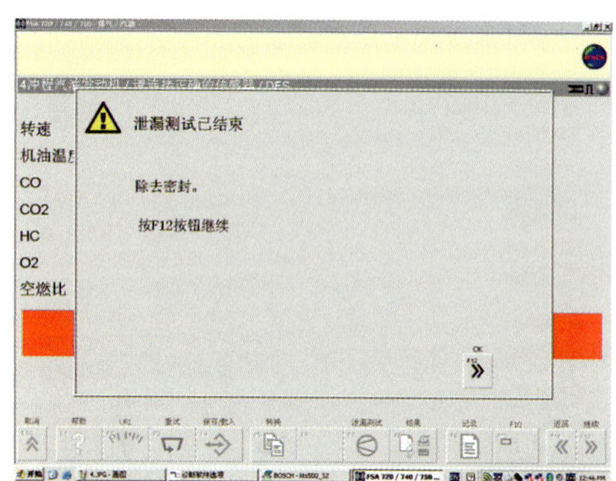

（9）系统进入零点调整。

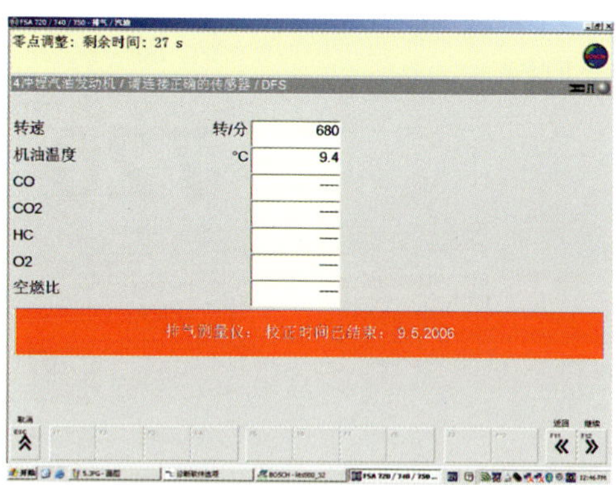

（10）系统进入 HC 残留物测试。

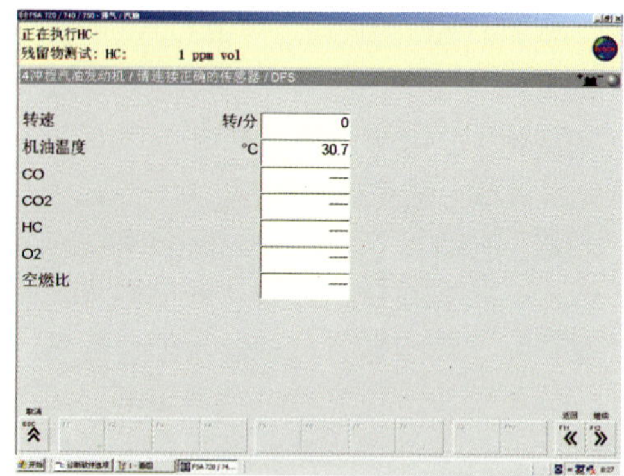

（11）系统进入“FSA720/740/750- 排气 / 汽油”测量窗口。

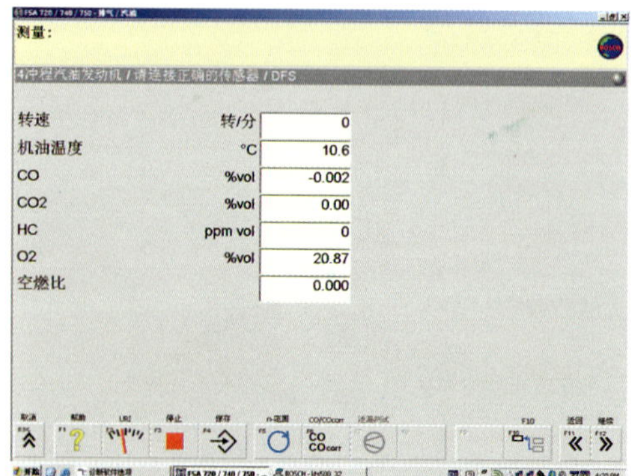

（12）将尾气探测器测量头放入排气尾管中。

（13）当数值较稳定时，单击“F3”，窗口显示测量已结束。

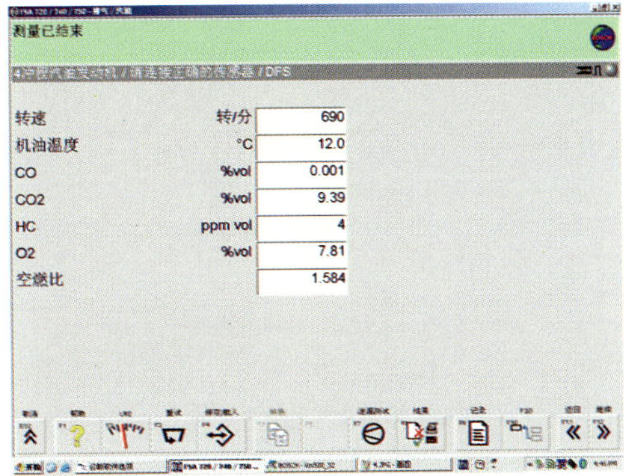

（14）将尾气探测器测量头从排气尾管中取出，置于规定的位置。

（15）将发动机熄火。

2．尾气检测单（见打印件）

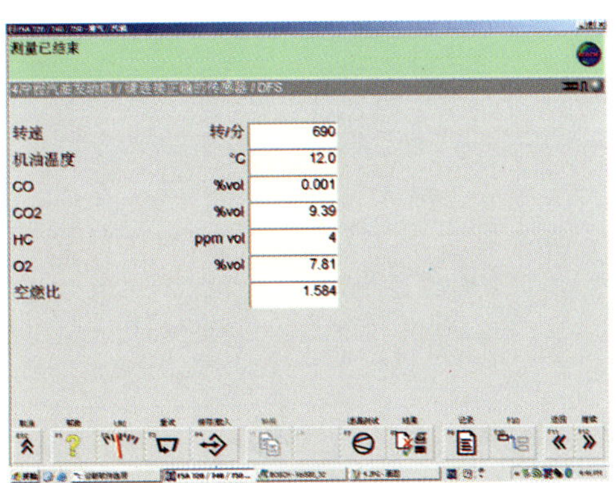

3．教师评语

尾气检验单显示排气管中 CO 体积分数为 0.001%，HC 体积分数为 4×10^{-6}（仪器显示为 4 ppm），O_2 体积分数为 7.81×10^{-6}（仪器显示为 7.81 ppm），空燃比为 1.584。这说明 CO 体积分数明显过低，O_2 体积分数明显过高，空燃比较稀，发动机混合气过稀，故障成立，另外发动机转速偏高有可能是发动机进气系统漏气引起的，下一步进行进气管真空检测。

（五）进气管真空检测

1．仪器操作

（1）在“FSA720/740/750”中选择“部件测试”，在“部件测试”中选择“负载传感器”，在“负载传感器”中选择“进气管压力传感器”。

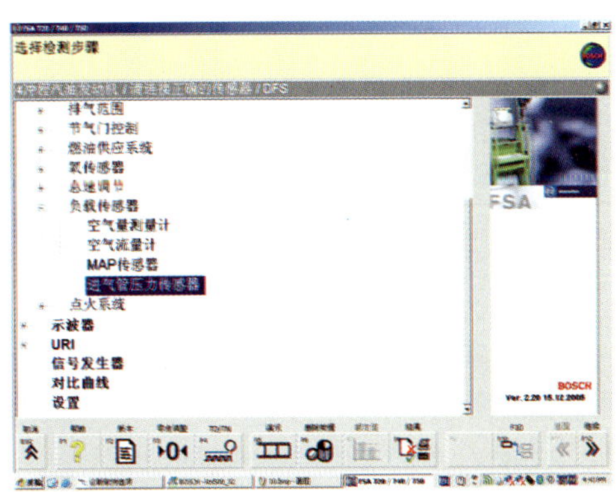

（2）单击“F3”，选择“空气压力”。

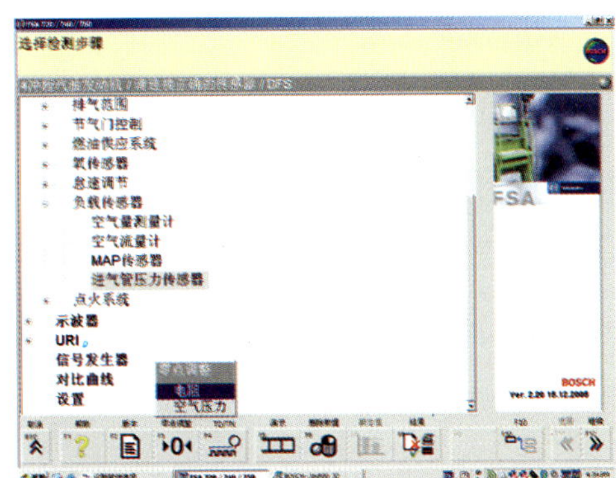

（3）系统进入调零，单击“F3”开始。

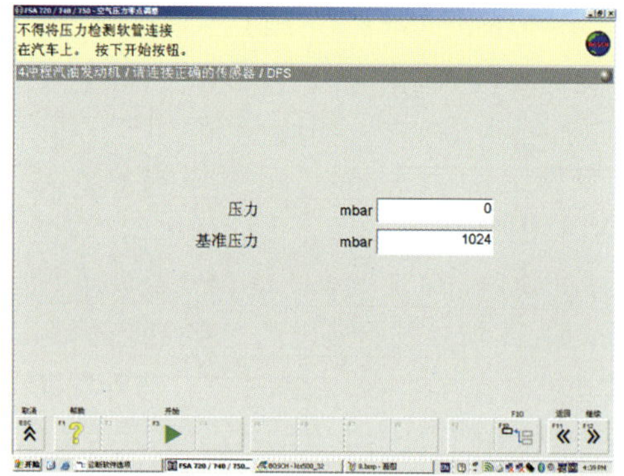

（4）系统显示调零已完成，单击“F12”。

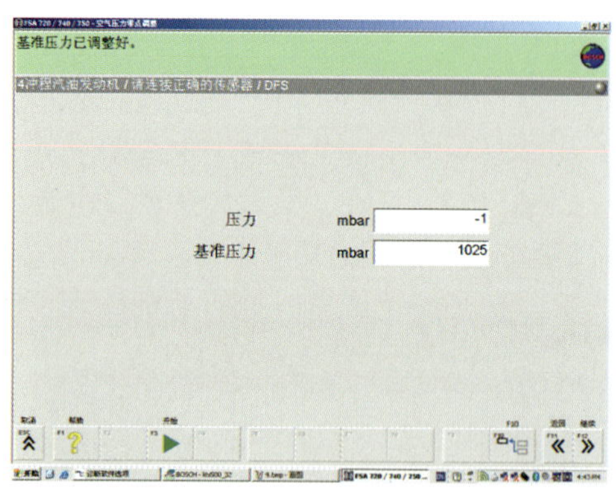

（5）系统回到“进气管压力传感器”窗口，单击“F12”。

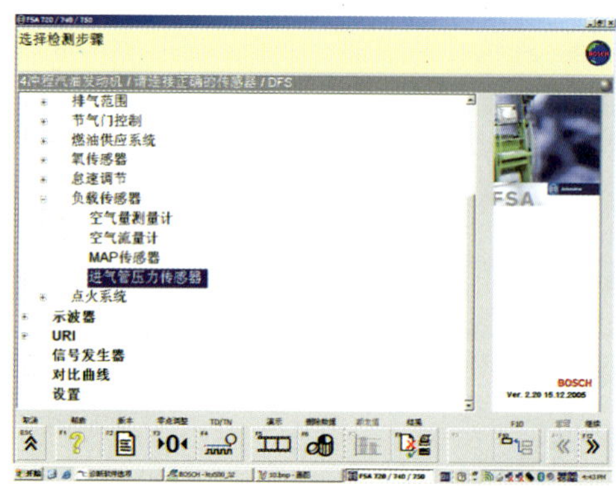

（6）系统进入测量窗口，单击“F8”。

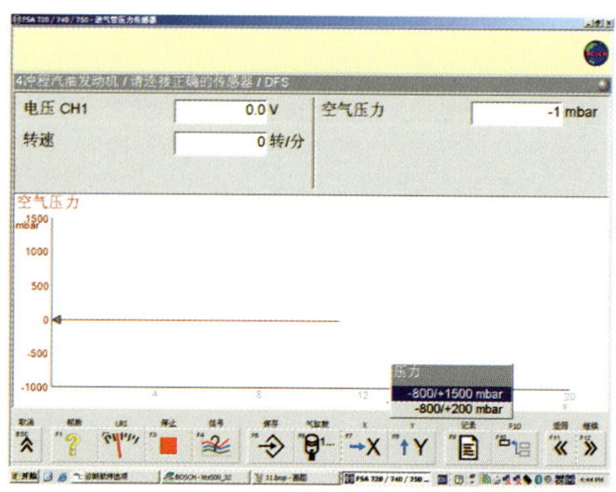

（7）选择 -800/+200 mbar。

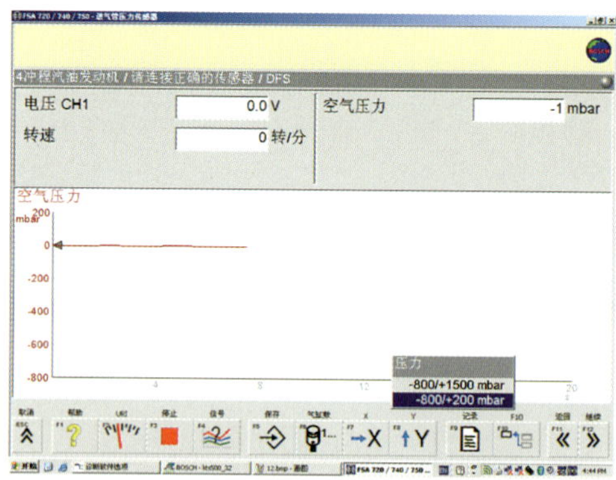

（8）系统显示测量窗口。

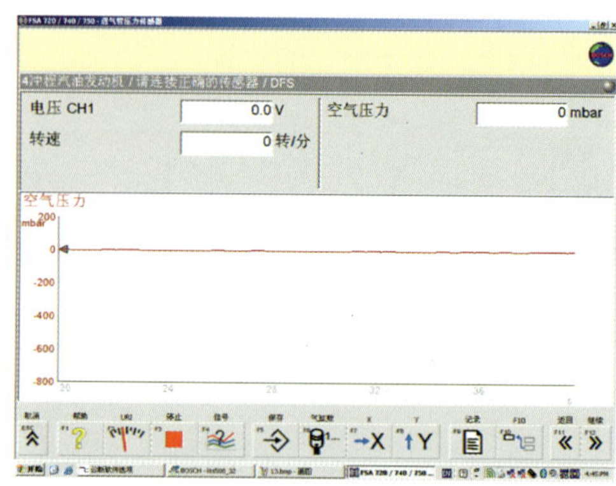

（9）将仪器的真空管与被测车辆连接，启动发动机，怠速运转。

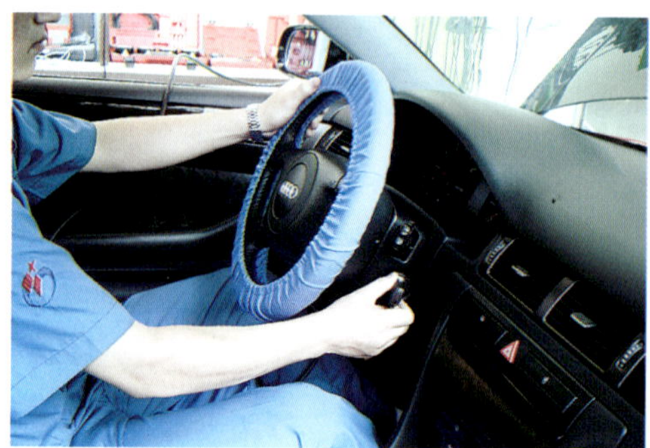

（10）系统显示被测车辆进气管压力值。

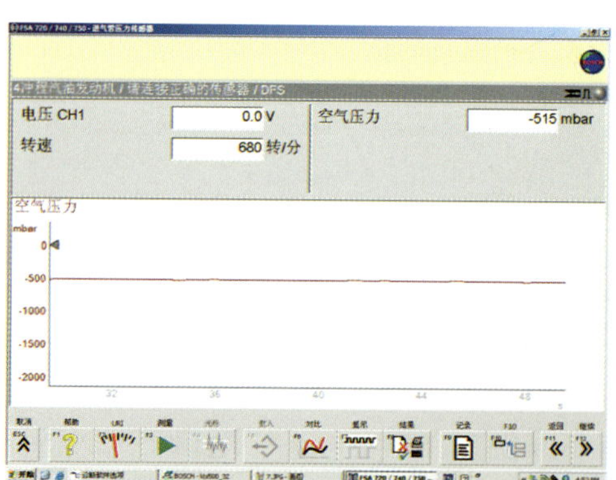

(11) 将发动机熄火。

2. 教师评语

该车经过进气管真空检测显示怠速工作进气管真空压力为-515 mbar (5.15×10^4 Pa)，正常进气管真空压力为-650 mbar (6.5×10^4 Pa) 以上，显然该车故障是进气系统漏气从而导致的进气管真空压力过低，应对发动机进气系统进行检查排故。

(六) 故障排除

在进气系统中找出引起进气压力低的漏气部位，然后排除故障。

(七) 试车、复检

发动机工作正常，无故障码。

四、结束工作

参照课题一中相同步骤。

·常州交通技师学院简介·

常州交通技师学院始建于1978年，是一所以技师教育为龙头，集本科、大专等高等学历教育和技师、高级工、中级工等职业教育，以及职业技能培训与鉴定于一体的综合性交通建设人才教育培训基地，1994年被评为“交通部规范化学校”和“省级重点技工学校”，2001年被评为“国家级重点技工学校”，2003年升格为“常州交通高级技工学校”；2004年被批准增挂“常州交通技师学院”校牌。目前，该校设有车辆工程、汽车维修与驾驶、汽车检测与维修、工程机械、汽车商务与评估、现代物流管理等10多个专业，在校学生3 500余人，专职、兼职教师共150余人。

学院地处经济发达、文教昌盛、交通便捷、美丽富饶的“长三角”历史文化名城江苏省常州市钟楼经济开发区，地理位置优越，环境条件良好。现学院占地面积80亩、建筑面积3万平方米、固定资产8 000万元，拥有较齐全的教学设备、完备的文体活动设施和优越的生活服务条件，是全国交通系统的骨干学校，也是常州市最具专业特色的技工院校之一。

长期以来，学院坚持以“创建一流学校、培养一流人才”为办学宗旨，以“团结、文明、勤奋、创新”为校训，以教学为中心，坚持依法治校，强化内部管理，形成良好学风校风，教学质量稳步提高，已为常州经济社会建设培养和输送了各类交通技能型人才1万余人，每年毕业的学生供不应求。

创新的博世汽车专业维修。爱车的维护，你需要专业品质的服务。博世秉承创新理念，引领行业百年。博世汽车专业维修，是集全面的车用配件、先进的测试设备与专业的技术鉴定、培训与管理理念于一体的一站式汽车维修服务网络，保证为车主提供原厂品质的产品，并恪守“服务全部车型”的承诺，保证爱车历久弥新，行程倍感舒心。

博世汽车专业维修，我专业，你信赖。

更多信息，敬请浏览：www.bosch-trading.com.cn

博世 BOSCH 科技成就生活之美

博世 BOSCH 科技成就生活之美

品牌诠释

博世贸易（上海）有限公司

博世致力于向用户提供高品质全系列零配件。专业的汽车检测设备，以及全面有效的技术支持和具备专业水准的汽车服务网络，更将每一位客户当成自己的合作伙伴和朋友，使消费者享受到更经济、更安全、更愉快的驾驶乐趣，从而将博世品牌推广到全中国的汽车售后服务市场。

企业介绍

博世贸易（上海）有限公司

博世贸易（上海）有限公司通过遍布中国各地的高质量可靠的专业服务网络，为各种车型提供全系列汽车零部件和先进的测试设备。如：柴油喷射系统、汽油喷射系统、照明系统、能源供应系统、滤清系统、雨刮系统、制动系统、及其他汽车配件系统。我们还拥有一系列先进的测试设备，如：ESI（tronic）诊断软件、控制单元诊断、汽车系统分析、尾气分析、组件测试、电池检测设备、制动系统分析、照明系统测试和底盘分析。

联系方式

地址：上海浦东陆家嘴银城中路 200 号中

地址：银大厦 12 楼

电话：021-28981111

传真：021-68880011

网址：www.bosch-trading.com.cn